어머니의 사랑

2007

최연홍 엮음

도서출판 월인

백악관 안에서 방문 중인
어머니와 함께

아들 생후 한달
기념사진

손자와 함께

백악관 방문 중인 어머니와 함께

서 문

삶, 어머니와 아들 그 도저到底한 사랑과 효孝

『어머니의 사랑』은 최연홍 시인의 자당慈堂이신 신용해 님의 글과 그의 아드님이신 최연홍시인의 어머니에 대한 시詩와 에세이이다.

최연홍 시인은 홀로 계신 어머니와 함께 하기 위하여 가족을 미국에 두고, 미국시민권도 버리고 서울시립대 교수로 돌아와 어머니와 7년을 살았다. 자당은 2004년 3월 83세를 일기로 운명하셨고, 최 교수는 2006년 은퇴하면서 짐을 정리하다 어머니가 처음 미국에 오셨을때 쓰신 일기를 농의 깊은 데서 찾아냈다. 이 일기를 읽으면서 최연홍 시인은 며칠을 울었다 한다. 며칠을 걸려서 다 읽었을 때 그는 이 일기를 소책자로 발간할 결심을 하게 됐다고 한다.

어머니 나이 57세, 최 시인께서 36세였을 때 첫 손자를 받으러 미국에 처음 가셔서 쓴(1976. 7. 30~1977. 5. 31) 미국 일기이지만 문화적 충격을 서술한 글이기 때문이다.

최 시인의 자당께선 일제 강점기 전라북도 고창의 만석꾼 집안의 딸로 태어났다. 서울에서 덕수 초등학교, 경기여자 중 · 고등학교를 졸업하시고 고창 초등학교에서 선생님을 하셨다. 그 때 충청북도 영동 출신의 남편을 만나 결혼, 슬하에 5남매를 두셨다. 대학교수, 대사, 피아니스트로 자녀들을 지극 정성으로 키우셨다.

어머니의 사랑은 자녀들을 훌륭하게 키우는 힘이다.

지금 이 일기를 읽으시는 독자들은 이 글이 1976~1977년 사이에 쓰여졌다는 사실을 기억해 주시길 바란다. 최연홍 시인의 어머니가 이 일기를 쓰셨을 때는 아직 젊으셨고, 어머니가 사망 후에 그의 아들에게 읽혀질 것이란 상상도 하지 못하고 쓰셨을 것이다.

『어머니의 사랑』은 1970년대 미국에 도착한 화자話者의 문화체험에 대한 섬세함과 여성의식의 놀라운 자각 등을 보여주고 있다. 이 글을 쓰신 분은 전문적인 작가는 아니었지만 이국적인 것을 세세한 관찰과 묘사, 장면 확대 등을 쓴 것을 우리는 확인할 수 있다.

글 속엔 손자의 육아일기, 아들 며느리와 사돈댁들과의 서신, 아들을 위해 뜨개질을 하는 어머니 등 우리 살아가는 이야기들이 들어 있다. 30여 년 전에 쓴 화자話者의 글은 지금 읽어도 생동감이 있다.

어느 글엔 묵화 속에 이 글을 써서 표구해서 걸어 놓고 싶은 글도 있다.

「감기기운이 있어 전기담요를 덮고 휴식을 취하다.
후원의 열무는 찬 공기로 자라기 어렵다. 이제 수확의 계절이 오고 있다.」

는 구절은 차라리 편하고 정갈한 시구이다.

『어머니의 사랑』은 단순히 여행을 위해 미국을 떠난 것이 아니라 손자를 받기 위해 간 것이다. 그래서 이 글은 단순한 기행 그 의미를 뛰어 넘는다. 글 속에는 아들 며느리가 모시고 다닌 미국 여기 저기가 문화적 충격으로 다가오지만, 그보다 중요한 것은 아기를 키우는 육아일기이다. 그리고 미국의 기행을 넘는 할머니의 따스한 사랑이 아들 며느리에 대한 사랑과 그 이웃들에 대한 사랑이 담겨 있다. 또한 고국에 두고 온 남편과 종부로서의 할 일을 다 못하고 있음을 죄스럽게 생각하는 여성 화자話者의 정서가 들어 있다.

최연홍 시인의 지인에게서 들은, 그는 아침마다 아파트 주변을 아들이 어머니를 부축해서 산책하고 어린이 놀이터 그네에 어머니를 태우고, 조금씩 밀어 드리고, 팔순의 어머니를 모시고 대학의 행사에도 참석했다.

또한 그는 겨울방학, 여름방학에 한 달에서 한달 반 미국에 가 있는 동안 거의 매일 어머니의 건강상태를 묻는 전화를 걸어왔다.

1부 『어머니의 사랑』 다음에 2부에는 그의 아드님이신 최연홍 시인께서 쓰신 시詩와 에세이 중에서 "소금쟁이 풀씨를 훑어 뿌리며" 어머니를 기다리던 아들, "어머니는 병실에서 임종을 기다리고 있고 나는 빈집에서 수면제를 먹고 잠을 청한다 이 비애가 시詩가 아니겠는가"라고 반문하는 아들의 고통, "어머니! 가난한 살림 속에서 다섯 아이들을 키우신 어머니에게 〈선구자〉는 어머니의 후기 노래가 되었습니다." "미국에 아내와 지식들을 두고 와 어머니와 함께 한 7년이 행복했습니다. 마지막 어머님을 포옹할 수 있었던 순간이 행복합니다."는 손쉽게 포착되는 표현들이 그의 내면을 구성하는 풍경이다. 〈어머니와 비둘기〉는 어머니가 일제시대 여학교시절에 수놓은 작품에 부친 아들의 시이다. 그래서 그것은 어머니와 아들의 공동작품이다.

이처럼 이책의 2부는 최연홍 시인의 시와 에세이는 어머니가 살아 계셨을 때, 죽음을 앞에 두고 계셨을 때, 그리고 임종과 장례식을 치르며 어머니를 향해서 쓴 아들의 작품이다.

어머니의 유품을 발견한 아들의 슬픔은 눈물겹다. 어머니와 아들의 사랑이 이 책에 담겨 있다. 이는 의도하지 않는 기법의 편안함 속에서, 날 것이 아닌 체험의 문학은 그만큼의 구체성과 문학文學의 깊이로 힘을 획득하게 된다. 그것의 진실성과 아름다움은 이처럼 각박한 현대 사회에 문학文學의 힘이 얼마나 강렬하고 도저到底한 것인지를 역설적으로 일깨워준다. 그럼으로써 이 책을 읽는 독자들에게 효孝에 대하여 한번쯤 되돌아보게 하는 잔잔한 파문을 일으킬 것이다.

이서현 • 시인

차 례

1부

어머니의 일기

1976년 7월 30일

오후 6시 가족 친지의 전송을 받고 김포공항을 떠났다. 신선처럼 구름 위로 날아 2시간 후 동경 하네다 공항에 도착했다. 일본공항에서 어디로 가야 미국으로 가는 비행기로 갈아타는지 몰라 당황했다. 시암항공을 찾아 헤매다. 시암항공이 미국으로 가는 가장 싼 항공료였기 때문에 나는 그만큼 고통을 당하게 되었다. 그래도 공항의 여직원이 친절히 안내해 주었다.

난 그 이튿날 비행기를 타기 위해 동경호텔에 유숙해야 했다. 미국에 있는 아들 둘이 이 어미를 얼마나 기다릴까. 예기치 않게 동경구경을 했고, 서양식 식사도 즐겼다. 동경의 인상은 서울 같았지만 더 복잡한 도시라는 인상이었다. 서울보다 발전한 도시랄까. 복잡한 도시가 더 발전했다는 말은 아니다. 내 옆에 경희대 박성근 교수가 계셔서 내게 안심이 되었다.

7월 31일

하와이로 나는 비행기 안에서 안도하다.

8월 1일

한국시간보다 다섯 시간이 다르니 시간측정이 어렵다. 비행기가 착륙 준비를 하니 창 밖으로 태평양 푸른 바다가 매혹적이다. 하와이. 아침 11시 반. 내게 감동적인 미국 착륙이었다. 거기서 다시 로스앤젤레스 가는 비행기를 타야 하는데 쉽지 않았다. 우리 일행 8명은 밤 11시 반경 로스앤젤레스 공항에 도착, 다시 다섯 시간 시차가 있다니 시간이란 것이 어리둥절하게 만든다. 다음 비행기 연결은 너무 늦었고 난 지쳐 있었다. 다시 호텔에서 하룻밤을 자야 한단다. 뉴욕의 작은 아들이 얼마나 기다릴까. 버지니아의 큰아들은 얼마나 기다릴까.

로스앤젤레스 한국 총영사관으로 전화를 시도했다. 휴일이라 아무도 전화를 받지 않는다. 휴일이고 자정이 지났으니 직원이 받을 리 없다. 박 교수의 도움으로 공항 근처 호텔로 들어가 뉴욕 아들에게 전화를 했다.

두 아들이 만 하루 어미를 잃었다고 로스앤젤레스 공항을 수소문했단다. 얼마나 놀랐을까. 싼 비행기 값을 두 아들 전화요금으로 날려버리지 않았는가. 큰아들은 로스앤젤레스 교외에 살고 있는 황갑주 시인에게 어머니가 공항 어디에 쓰러져 있을 것이라고 찾아달라 호소했단다. 그는 한밤중에 내 호텔로 찾아와 나를 위로하고 갔다. 먹을 것을 사 가지고. 황 시인의 수고와 친절로 이튿날 오전 10시 아메리칸 에어라인으로 뉴욕으로 날아갈 수 있었다.

로스앤젤레스는 사막성 도시이다. 대평원에 바둑판 같은 도시계획이 인상적이다. 로키산맥을 넘으니 대평원이 이어지고, 날 실은 비행기는 뉴욕 케네디 공항에 도착했다. 6시간 비행. 작은 아들내외, 정희의 영접을 받고 아들 차로 아들 아파트 도착했다. 꿈 같은 상봉 속에 여로의 고생은 사라지고 보고싶은 내 새끼들과 밤새는 줄 모르고 이야기꽃을 피우다.

8월 2일

월요일. 작은 아들은 출근. 나는 하루를 쉬었다. 석양엔 정희를 구루마에 태우고 동네 슈퍼마켓으로 가서 진열된 상품을 보았다. 한국에서는 보기 힘든 희귀한 상품들이 가득했지만 별로 느낌이 없었다. 아기의 과자를 사고 내 머리 염색약을 사들고 들어왔다.

8월 3일

화요일이다. 작은 아들은 간단한 아침식사 후 출근했다. 난 오전에 잠을 잤고 오후에 뉴욕 시 구경에 나섰다. 지하철로 맨해튼 중심가에 닿았다. 처음 방문한 곳은 케네디 대통령 미사 보았던 성당. 명동성당 같았으나 구경꾼들이 많았다. 다음 링컨 센터, 센트럴 파크, 여러 군데 아들 차를 타고 둘러보았고, 사진도 찍었다. 저녁식사는 일식음식점에서 간단한 식사 3인분에 한국 돈 1만원 정도였다. 물가가 한국 같지 않다. 저녁식사 후 엠파이어스테이트 빌딩 102층에 올라갔다. 80층에는 사방을 바라볼 수 있는 전망대가 있고 망원경으로 바다 가운데 있는 자유의 여신상도 보았다. 반듯반듯한 도시계획이 인상적이다. 높이 올라간 도시가 현대적인 도시인가. 뉴욕은 미국이 아니라 뉴욕일 뿐이라고 말한 오든이란 시인이 있었지.

8월 4일

석양에 지하철을 타고 아들이 일하는 총영사관에 들어서니 의미심장하다. 아들의자에 앉으니 뉴욕이 다 내 것 같다. 흐뭇하다. 정희 이모부께서 오시어 함께 그 분 댁으로 한 시간여 드라이브해 갔다. 한식으로 준비한 음식들, 배추김치, 오이김치, 깍두기, 불고기, 모두 정성이 깃든 음식이다. 거기서 10시 출발, 귀가. 정희는 차 속에서 잠이 들었다.

8월 5일

오늘도 한나절 낮잠을 자고 석양에 어느 공원에서 열리는 음악회에 가기로 하고 집을 나섰으나 공원을 찾지 못하고 귀가했다. 밤 드라이브로 뉴욕의 야경을 즐기다.

8월 6일

오전 집안을 청소, 정돈하고 써클 라인(Circle Line)을 타러 갔다. 지하철로, 택시로. 며느리 영어솜씨가 훌륭해서 좋았다. 맨해튼을 일주하는 선박의 입장권은 일인당 5천원. 배 타려는 사람들이 많았다. 정희는 집에서 준비한 김밥을 먹고, 우리는 빵과 콜라를 먹었다. 미국인들이 정희 보고 이쁘다고 말한다. 3시간 항해. 맨해튼 고층건물들을 물 위에서 바라보는 재미. 자유의 여신상을 아주 가까이에서 본 감동. 대서양을 건너온 유럽계 이민자들에게 맨 처음 보여준 상징이 자유의 여신상 아니겠는가. 배에서 내려 아들이 일하는 총영사관으로 가 아들을 보고 우리는 아사원으로 가 우동을 먹었다. 중 · 고등학교를 함께 다닌 서한봉 군 내외와 최영식 군 내외가 집으로 방문, 환담. 아들 친구들을 뉴욕에서 만나는 기쁨은 정말 특별하다. 밤 12시 전 그들을 전송했다.

8월 7일

11시 50분 비행기로 큰아들이 사는 버지니아 노호크로 간다. 작은 아들 아파트에서 5분 거리에 있는 라 구아디아 공항에서 세 식구의 환송을 받으며 떠나 비행기 안에서 점심식사를 끝내니 벌써 노호크 공항에 도착. 기체의 문을 여니 큰아들이 바로 문 밖에서 기다리고 있는 것 아닌가. 얼마나 반가운 상봉인가. 눈물로 만난 내 아들과 밖으로 나오니 배가 공산만한 자부가 기다리고 있지 않은가. 약 한 시간 거리 주택가에 있는 큰아들 집은 잔디밭이 크고 단층집은 아담하다. 서울에서 만난 아들 친구 김헌수 씨도 나를 반겨주었다.

8월 8일

5일 종강한 아들이 하루를 어미와 보내고, 자부는 배부른 몸으로 맛있는 음식을 준비한다. 저녁엔 버지니아 비치, 바닷가를 걸었다. 여름 피서지로 유명한 해안의 도시이다. 도시 이름이 바로 버지니아의 해안이다. 망망한 대서양을 바라보니 혼자 보는 것이 아깝다. 아름다운 나라. 아름다운 도시. 바닷가 도시는 언제나 아름답다.

옆의 도시 노호크는 대서양 최대의 해군기지라 한다. 군사요충지.

8월 9일

세 식구가 시간가는 줄 모르고 하루를 보냈다. 나를 위해 아들이 한국어로 쓴 책들을 내놓는다. 영어를 모르는 내게 보여준 아들의 사랑이다. 영어를 알아듣지 못하는 어려움, 언어의 장벽이 참으로 크다. 그러나 그 외에는 다 괜찮다.

8월 10일

지난 밤 진통으로 한 잠도 못 잔 자부는 아침 일찍 노호크 병원으로 가서 입원했다. 아들이 잘 아는 산부인과 의사가 노호크 병원에서 일하고 있어 그 병원으로 정했단다. 그 병원에서 안정되었다고 연락이 왔다. 아들이 2시에 귀가해 자부의 사정을 들었다. 오늘은 그냥 지날 듯하다.

8월 11일

아들과 함께 아침식사 우유에 씨리얼을 먹고, 병실에 전화하니 자부는 부재중이다. 궁금하기만 하다. 오늘 중 새 아기가 나올 것 같다. 오후 2시경 아들과 함께 병원에 들어서니 순산했다는 소식이 기다리고 있었다. 유아실 창 밖에서 내 손자를 보니 꿈이냐, 생시냐. 기쁨의 눈물이 흐른다.

산모는 아직 마취에서 깨어나지 않아 나는 아들 대학으로 가 연구실 의자에 앉아서 멀리 엘리자베스 강을 내려다보면서 다시 한번 신에게 감사했다.

60년대 후반 가난한 한국의 청년으로 야망 하나만 들고 미국에 와서 4년 공부하고 나서 위스칸신 대학에서 첫해 가르치고, 여기 버지니아 대학으로 옮겨와 가르치고 있으니 아들이 대견하고 감사하다. 과장, 학장, 대학원장, 다른 교수들이 내게 인사하니 난 하늘로 오르는 기분이다.

그들은 득남을 축하하고 있었다.

대학에서 나와 아들이 살았던 옛 아파트에 들러 옛 이웃들과 인사를 나누었다. 아들은 득남 소식을 전하기 위해 그리로 갔지만, 나는 아들이 살던 집의 분위기를 터득하고 있었다. 대학까지 걷는 거리에 있는 조용한 아파트 촌, 거기 다정한 이웃들이 살고 그들은 나를 따뜻하게 반겨주었다. 꽃을 한 아름 주어 받아들고 노호크 병원으로 갔다. 6시 반 면회시간에 맞춰.

자부는 깨어 있었다. 우리 아기 엄마. 엄마가 된 자부, 행복해 보인다. 최씨 가문에 들어와 여자의 임무를 다했다. 내가 최 씨가에 종부로 들어와 큰아들을 낳았을 때 감동을 이 자부가 알까. 무남독녀로 태어나 결혼해 첫 번째 아들을 낳았을 때 내 어머니의 기쁨은 얼마나 컸던가. 외할머니의 큰 사랑을 내 아들은 아직도 기억하고 감사하며 살고 있다.

면회시간이 끝나고, 우리 모자는 다시 유아실에 들려 내 손자를 바라보았다. 3.3kg의 어린아이. 내 손자를 안아보지 못하고, 창 너머로 바라보는 서운함. 그러나 그것이 보건위생이고, 유아의 건강을 지키는 일이니 어쩌겠는가,

산모와 아이가 모두 건강하니 얼마나 고마운가. 천지신명께 감사한다.

서울 가회동, 동선동, 뉴욕 작은 아들, 워싱턴 자부의 숙부께 득남소식을 전한다. 하나님께 감사하고 조상님께 감사하고 잠자리에 들다. 오늘 하루가 주마등처럼 지나다.

8월 12일

자부는 병실에서 나와 아들의 식사걱정을 한다. 산모가 회복하는 일이 중요하다.

로스앤젤레스에서 간행되는 신한민보가 왔다. 도산 안창호 선생이 창간한 신문이 한국의 박정희 정권을 독재정권으로 규탄하고 있다. 아들이 그 신문의 칼럼니스트로 글을 쓰고 있으니 옆에서 두고 보아야 하는지.

6시 면회시간에 맞춰 밥과 미역국을 끓여 갔다. 어제와 달리 일어나 앉을 기력이 생겼으니 보기가 좋다. 아기 젖도 주었다 한다. 한국친구들, 미국친구들, 중국친구들이 방문, 화분이 병실에 가득하다. 모두 새 엄마와 새

아가의 탄생을 진심으로 축복하는 듯하다. 오늘은 아기의 아빠 된 특권으로 아들이 아이를 안아보았다. 몸을 정결하게 소독하고 나서. 엄마가 아가에게 젖을 주는 모습을 보고 우리 모자는 병원을 떠났다. 저녁 9시. 난 대합실에서 기다렸다. 아직 할머니의 차례는 안 왔다. 버지니아 비치 집에 10시경 도착.

서울에서 반가운 편지가 왔다. 온 가족이 안녕, 셋째 딸 원이가 아버지를 정성으로 모신다는 소식에 내 딸도 이제 다 컸다는 위안이 온다. 늦은 시간에 서울가족에게 편지를 쓰다.

8월 13일

자부가 집에 없으니 고적하다. 책읽기와 신문 읽기로 하루를 보낸다. 자부는 아기가 모유를 빨고, 잠도 잘 잔다는 소식을 전해준다. 아들은 저녁 6시 반 병실로 밥과 미역국을 가져갔다. 난 석양을 이용해 정원과 후원의 잡초를 뽑기 시작했다. 미국잡초도 뿌리가 깊어서 뽑아내기 힘들었다. 후원엔 아들이 가꾼 토마토, 카베이지, 참외, 오이, 고추가 자라고 있었다.

아들은 피곤하면 편도선염증이 생긴다. 한국을 떠나기 전에도 그러더니 아직도 그렇다니, 언제나 편도선염으로부터 자유로울지 모르겠다. 어미를 찾다가 하룻밤을 새고, 그 다음날부터 신열이 높았다 한다. 몸살이겠지.

8월 14일

아침식사를 간단히 하고 병원으로 갔다. 아기가 황달기가 있다고, 그래서 며칠 병원에 있어야 한다고 말한다. 동양아기들이 대개 그렇단다. 뉴욕에서 득남 축하 카드가 도착했다.

8월 15일

우리나라의 8 · 15 해방절이다. 교민 모임이 있으나 우리는 참석치 못하고 병원으로 갔다. 오늘도 퇴원이 안 된다. 황달기가 사라져야 간단다. 돌아오는 길에 한국식품점에 들러서 콩나물, 국간장, 떡살을 사왔다. 점심에 콩나물국을 만들어 아들에게 주었다. 4시경 김헌수씨 내방, 함께 버지니아 비치로 나갔다. 대서양 수평선을 바라보며 조국을 생각하다. 석양인데도 파도타는 사람이 많다. 파도타기는 아직 한국에 소개된 것 같지 않다. 파도 위에 널빤지 하나 발 밑에 두고 곡예를 한다. 가장 간단한 운동기구가 아닌가.

해안선을 끼고 노스캐롤라이나 주 경계선까지 갔다 왔다. 밀림 속에 늪지대가 있었다. 늪이 주는 으시으시한 분위기, 거기서 자라는 나무를 타고 가는 열대 담장이과 식물이 음산하기까지 하다. 미국 최북방에 있는 늪지대라 한다. 알라바마, 미시시피에는 늪이 많은데 버지니아 남단은 예외적인 늪지대가 있다고 한다. 거기서 나와 바다 밑으로, 바다 위로 60리 길을 만들어놓은 체사픽 베이 다리를 보았다. 인간이 만든 과학기술이 이렇게 나타나는구나. 메릴랜드주, 델라웨어주, 펜실바니아주, 뉴욕주로 가려면 이 60리 바닷길의 다리를 지나야 한단다.

집에 오니 아들이 햄버거를 사다주어 저녁식사로 하다.

8월 16일

말복이다. 저녁에 소나기가 잔디밭을 상쾌하게 만든다. 오늘은 산모와 아기가 퇴원하는 날. 오후 1시에 퇴원, 집으로 오다. 산모도, 아기도 집이 좋은 듯, 아기가 순해서 좋다.

그래 집이 제일 좋지.

자부의 언니로부터 편지가 당도했다. 옆집 쥬디 가족이 와서 산모와 아기 탄생을 축하하고 갔다. 다른 이웃들도 왔다 갔다. 새 아이 탄생의 축복이 뜻 깊다. 미국인들은 이렇게 친절하구나.

8월 17일

워싱턴 숙부께서 아기 선물과 카드를 보내 오다. 이국에서도 혈육의 정이 깊다.

가을이 성큼 가까워진 듯 하늘이 높고 코발트색이다.

8월 18일

며칠 비가 안 오니 잔디가 죽어간다. 그래도 아들은 긴 풀을 깎고 물을 준다. 난 잡초를 캐어낸다. 자부는 어느새 회복되어 나를 위해 여러 가지 새로운 음식을 장만한다. 저녁엔 농부들이 직접 운영하는 직판장에 가 보았다. 이미 파장이고, 몇 가게가 남아 참외, 수박, 자두를 사왔다. 내일 아침까지 농산물을 그대로 두고 농부들은 귀가한다니 여기는 도둑이 없는 모양이다.

8월 19일

오늘은 아기가 태어난 지 여드레 되는 날이다. 고개를 돌려본다. 세상을 바라보고 있다. 그리고 웃는다. 건강한 아기, 아들 후배 안낙영 군이 찾아와 환담, 중앙학교, 연대 후배이며, 지금은 아들 대학 대학원에서 전기공학을 공부하고 있다. 가난한 고학생의 차가 고장 나 우리 집에서 자다.

8월 20일

오늘은 자부의 생일, 처음으로 한자리에서 생일을 축하하다. 안낙영 군과 함께 생일 아침 식사를 함께 했다. 미역국이지만 정성으로 자부의 아침 식탁을 만들다. 이제 한 아이의 어머니가 된 생일은 뜻 깊다. 오늘 아침 여기 일간지 버지니안 파일에 아들 글이 실려서 생일 선물이 훌륭하다. 저녁엔 햄톤에 사는 박상식 교수 내외가 다녀갔다. 득남을 축하하며 내게 며느리와 손자 잘 보살펴주라고. 그들은 어머니의 혜택을 받지 못했었다고 회고한다. 내게 오래 미국생활을 즐기고 가란다. 자부의 동생으로부터 생일축하 카드가 오다.

8월 21일

새벽에 일어나 후원의 잡초를 뽑았다. 비가 오지 않으면 돌 같은 땅, 비가 오면 진흙 땅. 잡초 뽑기도 힘든다. 김헌수 씨가 와 된장찌개를 끓인다. 늦은 저녁엔 아들의 동료교수 밥 스타인 내외분이 득남 축하차 들러 고마웠다. 다정다감한 노 교수 내외분이다, 아들의 아버지뻘 되는 신사. 여기선 나이에 상관없이 다 동료이고, 친구이다.

8월 22일

뉴욕 작은 아들로부터 전화가 왔다. 반가웠다. 작은 아들 생일, 난 전화로 축하인사를 한다. 미국이라는 나라에 형제가 살아도 함께 생일을 축하할 수 없는 먼 거리에 살고 있으니 전화로 축하할 수밖에.

8월 23일

자부의 친정으로부터 긴 편지가 왔다. 외손을 얻은 기쁨이 그 편지 안에 담겨있다. 사부인의 편지, 친정 어머니의 편지만큼 반가운 편지가 있을까. 친정 아버지 서예가 일중은 붓글씨로 축하인사를 보내왔다. 가보家寶가 되는 편지가 아니겠는가.

8월 24일

내 남편의 편지를 받았다. 셋째 딸 원이가 어머니의 빈자리를 잘 메꾸고 있다고. 아버지 식사도 잘 만들어 내 놓는다고.

사부인께 답신을 보냈다. 아들은 개강준비로 대학으로 가다.

8월 25일

오늘도 아들은 학교로 가고. 우리 아기는 순하게 먹고, 자고, 놀고, 신통하기 그지없다.

가뭄을 타는 잔디밭에 물을 주다. 저녁엔 베스킨 라빈스 아이스크림 가게에 가서 좋아하는 아이스크림을 사 먹다. 아이스크림 종류도 31가지로 다양하다.

8월 26일

내 남편과 두 딸의 편지가 왔다. 읽고, 또 읽어도 다시 읽고 싶은 자식들의 편지. 저녁 무렵엔 아기방에 들어갈 가구를 사왔다. 이제 갓난아이의 침대가 필요하게 되었고, 방바닥에 떨어지지 않도록 난간이 있고, 노래하는 장난감이 갓난 아이 머리맡에 올려놓는 유아의 가구들이 신기하다. 내 아이들은 그런 놀이 장치들을 생각도 못했다. 장난감이 따로 없었고, 어머니의 젖이 모두였던 시대를 살았다. 유아를 따로 유아의 방에 재우는 습관이 독립심을 키워주겠지만, 너무 유아에게 냉정한 듯하다. 나는 할머니로 아기 손자와 방을 함께 쓰기로 했다.

8월 27일

가회동, 동선동, 뉴욕으로 답신을 보내다. 한국으로 돌아가는 태국비행기표를 물리다.

오늘은 백화점에 가서 유아 기저귀 한 상자 구입. 8달러. 일회용이다. 낭비가 많은 사회, 부유한 사회일수록 낭비가 많다고 아들은 말한다. 환경에 관심이 많은 아들은 미국사회의 낭비벽을 나무랜다. 로스앤젤레스의 황갑주 시인으로부터 편지 오다. 정말 다정한 시인이다. 시인 같은 시인이다. 순창 매천의 후손이신 황 시인은 온화한 성품으로 편지를 써 보내오다.

8월 28일

잡초 뽑기 완료. 일 하나를 끝낸 기쁨은 언제나 좋다. 저녁시간 잠깐 소나기 내리다. 아들 동료 교수 내외, 제자들 다녀가다.

황갑주 시인께 답신을 보내다.

8월 29일

무더운 날, 여기선 인디안 여름이라고 말한다. 늦더위. 저녁에 아들이 엄마 드시라고 신선한 파인애플을 사와 즐겨 먹었다. 아기는 먹고, 자고, 놀고, 순하게 크니 고맙다.

손자야. 어서어서 무럭무럭 자라다오, 머리를 들고 세상을 경이로운 눈으로 바라본다.

오늘은 휴일, 아들과 하루를 집에서 보냈다.

8월 30일

지난 밤 내린 비로 잔디밭이 초록이다. 아들은 아침 9시 대학으로 가고, 아기는 머리를 자주 든다. 아들이 읽으라고 준 뉴욕의 이계향 여사의 서한문집을 읽는다. 이계향 씨는 가회동 인연으로부터 뉴욕까지 긴 인연을 갖고 있다. 집안이 적적하다. 그러나 아기 손자와 함께 있으니 고적하지 않다.

8월 31일

화요일은 강의가 없어 아들과 함께 지냈다. 서울의 내 남편은 아들이 서울에서 발표한 글을 복사해 보내왔다. 꿈 속에서 내 어머니를 만났다. 웬일일까. 귀국하면 외사천 묘소를 찾아보아야겠다. 어머니의 명복을 빈다. 천국에서도 오로지 우리 일가의 평화와 안녕을 빌고 계시겠지요. 어머니의 증손자의 탄생을 축하하고자 저의 꿈에 오셨는지요.

9월 1일

자부의 친구들이 다녀갔다. 이계향 여사의 글을 읽으며 그 분의 인생역정도 평탄치 않았음을 알겠다. 만주 출신으로 해방이 되면서 남한으로 와 미 군정청에서 일하다 조병옥 박사의 비서가 되고, 부산 피난시절 갑부와 결혼, 아들들을 낳고 살다 아이들과 미국으로 이민 와서 살고 있는 여자. 모두들 자기의 인생역정을 사는가보다.

오늘 나는 걸어서 글로서리 스토어에 가서 몇 가지 식품을 사왔는데 어떻게 큰길을 넘어 갔으며, 어떻게 지불하고 왔느냐고 아들이 대견해 한다. 한국 서울에서 살다 온 사람인데 무엇이 문제가 되겠느냐고 웃었다. 이제 딸 원이도 대학으로 돌아갈 준비를 하겠지.

9월 2일

아들 강의는 오후에 있다고 늦게 출근. 안낙영 군이 들리다.

9월 3일

어제 저녁 식사가 과했는지 아침을 걸렀다. 혼자 걸어서 식료품상점에 가서 사이다 한 병을 사들고 왔다. 이제 큰 길 건너기가 무섭지 않고, 상점에 가는 것도 무섭지 않다.

가까운 식료품점에 가도 자동차를 몰고 가야 하는 이 미국의 여유와 낭비가 마음에 걸린다. 손자 아기가 처음으로 잠투정을 하고 운다. 엄마, 아빠가 놀란다. 아들은 그가 편집한 민주주의와 지방정부(Democracy and Public Service in Local Governments)라는 책을 들고 와 나와 자부를 행복하게 해주었다. 이 책은 아들이 지난해 연구비를 얻어 지방정부의 시장들, 의회의원들, 관료들, 언론인들, 시민대표들의 토론회를 몇 차례 열고 거기서 얻은 결과를 정리한 책이다. 공공정책 공개토론 시리즈가 된다. 지방정부 차원에서 민주주의를 가져와야 하는 과제가 한국에서 더 절실하다.

저녁에 김헌수 씨가 와 교또라고 하는 일식집에 가서 식사를 했다. 새우

뎀푸라, 김밥을 먹고, 정종을 아들과 김헌수 군이 들고나니 30달러. 일식집은 비싼 편이다.

9월 4일

저녁에 아들의 의사 친구 내외가 다녀갔다. 한국의 일간지를 읽다.

9월 5일

자부가 오늘 저녁 식사로 중국식 짜장면을 만들어 주어 잘 먹었다. 재료가 준비되어 있지만 음식솜씨가 대단하다. 적은 식구들이지만 다양한 메뉴를 짜는 일도 참 중요한 주부의 일 아닌가. 한국에서 느껴보지 못한 단상이다.

9월 6일

미네쏘타 대학에서 박사학위논문을 쓰고 있는 아들의 초등학교 친구 이기석 군의 전화가 나를 기쁘게 해 주었다. 어린 시절 우리 집에 와서 함께 숙제도 한 친구이다. 미국까지 유학 와 이제 논문을 마치고 내년 봄에는 돌아간다니 아 얼마나 반가운 소식인가. 그도 가난한 고학생활을 마치고 금의환향하니 그의 어머니, 가족들이 얼마나 반가워할까. 저녁에 골프장 연습장에 가서 아들 스윙하는 모습을 지켜보았다. 난 난생 처음 골프채를 잡아

보았고, 골프 공을 때려 보았다. 신기하다.

우리 아기 잘 크고, 8일이면 추석이다. 공연히 한국이 그리워지고 걱정스럽다. 종부로 고향을 멀리 떠나왔으니 내 걱정이 당연하다. 둘째 딸 연경이가 가회동에 있으니 마음이 놓인다. 날씨가 가을이 완연하여 스웨터를 꺼내어 놓았다.

9월 7일

서울의 딸들이 어머니 빈자리를 채우느라고 얼마나 부산할까. 추석준비는 가장 힘든 준비가 아니겠는가. 햅쌀, 햇과일로 추석 차례를 준비하는 마음을 여기 아들은 잘 모른다. 종손의 의미를 그리 생각지 않는다. 고향의 추석을 이야기하는 것이 아들에게 부담을 줄 것 같아 자제한다.

오늘은 명곡집을 꺼내 둘째 딸이 즐겨 부르던 〈선구자〉를 혼자 노래했다. 손자 아기는 내 노래를 듣고 있다. 유아시절 음악은 성장에 좋다고 하니 한국 노래를 들려 주어야지. 할미의 노래가 손자의 마음에 닿기를 바란다.

9월 8일

남편으로부터 편지가 도착했다. 가족이 다 평안하니 미국생활 즐기고 오라는 편지다. 손자 이름을 남편이 재철이라 지어 보내왔다. 미국이름을 윌리암 제이 최가 되었으니 중간이름이 같아졌다. 재와 제이(Jay). 미국이름은 아들의 인디아나 대학 은사 윌리암 J. 시휜에서 따 왔다. 가난한 한국의 유학생에게 꿈과 용기를 주었던, 은사의 이름을 아들에게 준 아들의 마음이 아름답다. 시휜 교수에게 아들 이름 지어준 사연을 영자신문에 써 보냈다 한다. 사제지간의 아름다운 관계가 오직 한국에만 국한된 건 아닌 것 같다.

재철이 이모로부터 편지가 왔다. 동선동 근황을 그 댁 큰딸로부터도 듣고 있으니 행복하다.

저녁엔 다시 골프 연습장에 가서 공을 쳤다. 3개를 멀리 보냈다. 귀족의 스포츠가 내 손 안에 들어오다.

9월 9일

재철이가 의사에게 가서 검진을 받는 날이다. 유아소아과 의사 진료실에는 어린이가 보는 책으로 가득했다. 한국과 미국의 차이가 확연하다. 유아의 가슴, 눈, 팔, 다리를 하나 하나 검진하고 나서 미국인 의사는 우리 아기가 "Number One Baby"라고 칭찬한다. 건강한 아가라고 칭찬한다. 우리 일행은 기분이 더 상쾌해졌다. 아들은 바닷가로 차를 몰았다. 자축연을 바닷가 고급 음식점에서 하기로 하고, 바다를 보면서 우리들은 점심식사를 했다. 기분이 좋았다. 아들은 수영을 하고, 아가는 바닷바람에 잠이 들었다. 우리는 3시경 집으로 향했다. 옆집 쥬디의 아이를 몇 시간 봐주기로 했단다. 이 나라에는 어린아이를 보호자 없이 두면 부모로부터 아이를 빼앗는다니 무섭다. 약속을 했으니 그 시간에 집에 당도해야 한다.

9월 10일

아들 제자 중에 사진작가가 있어 그를 초청, 재철이의 사진을 찍기로 했다. 태어난 지 한 달이 되니 기념촬영 할 만하다. 그렇지 않은가.

9월 11일

저녁에 김헌수 군이 들러 집에서 짜장면을 만들어 먹다.

미시간에 사는 정희에게서 아기 옷과 선물이 도착했다. 미국에 와서도 다정하게 지내는 정희와 아들의 관계가 사랑스럽다. 둘째 자부 친정으로부터 긴 편지가 왔다. 사부인의 정성어린 편지. 비가 내려 잔디밭이 보기에 좋다.

9월 12일

비가 온 끝이라 가을 기운이 청량하다. 오늘은 30분 거리에 있는 농가를 방문하기로 했다. 아기의 나들이로 농가를 방문하면 의미 있을 거라고 아들이 말했다. 내 아들은 농부를 친구로 두고 사니 좋다. 시인은 차별을 모른다. 시인은 오히려 농부를 사랑하는지 모른다. 내 아들도 시골에서 유년 시절을 보냈다. 할아버지가 농부였으니까. 그들은 우리 일행을 따뜻하게 맞이 해주었고, 우리 아기를 환대했다. 모두 귀여워했다. 콩, 고추를 선물로 받아왔다. 우리 아가와 농부의 가족 함께 사진도 찍었다. 가끔 농장에 가고 싶다. 참 다정한 사람들.

9월 13일

월요일. 오늘은 아침부터 저녁까지 강의가 있다고 일찍 아들은 출근했다. 나는 슈퍼에 가서 우유, 과일을 사오고. 어제 농장에서 가지고 온 콩을 밥에 넣어 먹으니 밥맛이 좋아, 후원에 나가 밭고랑을 만들고 채소 씨앗을 심었다.

9월 14일

오늘은 하루 종일 한국 신문들을 읽다. 아들이 집에 있어 행복하다.

9월 15일

오랜만에 비가 온다. 잔디가 살고, 씨앗이 파랗게 싹이 튼다. 아들 제자들이 방문, 라면을 대접하다. 아들은 상관하지 않지만 나는 손님에게 라면을 대접함이 미안했다.

9월 16일

아기가 매일 달라지고 있다. 사람을 알아보는 듯하다. 세 식구, 새 아이 바라보는 행복감.

저녁에 백화점에 갔지만 내 겨울구두 한 켤레 사왔다. 여기 저기 백화점이 볼 만하다.

황갑주 시인의 편지가 당도. 나를 여학교 교장선생님 대접을 했어야 했는데 그렇게 대접을 잘못 했다는구나. 고마워라. 아들과 함께 반체제 시인이지만 그렇게 다정할 수가 없다. 누가 내 아들을 반체제적 시인이라고 볼까.

9월 17일

아들은 워싱턴 회의 참석 차 떠나니 아가까지 세 식구 고적을 느낀다. 집안 청소로 하루를 보낸다. 어린 손자는 엄마와 할미를 알아보는 듯. 엄마 젖을 먹고 크니, 아이가 건강하게 크는 것 같다. 대견하다. 충청도 최씨 집안의 장손이 잘 커야지.

9월 18일

아들이 없는 집은 조용하기만 하다. 박 선생님 댁 저녁초대를 받고 돌아오니 밤 9시. 집에 오는 길에 한국식품점에 들러 몇 가지를 샀다. 아들이 돌아오다.

9월 19일

일요일. 잔디가 비를 맞고 자란다. 아들이 석양에 잔디를 깎고 저녁식탁에 아들이 워싱턴에서 사 온 재료로 짜장면을 해 먹다. 뉴욕 가족과 전화로 음성을 나누다.

9월 20일

아들은 일찍 대학으로 가고, 나는 미국동화책을 읽으며 영한사전을 들추며 하루를 보내다. 외국어 습득은 쉽지 않다. 나이 먹은 사람이 영어를 배우는 일은 쉽지 않다. 영어사전이 하루해를 빨리 가게 했다. 저녁강의 후 돌아온 아들은 그의 글이 실린 대학신문을 가져왔지만 제목만 읽을 수 있었다. 문필가 아들을 둔 어미의 자랑을 아는가. 대학신문과 함께 우리 아가 기념사진을 가져와 보고, 또 보고. 그러다 잠이 들다.

9월 21일

벌써 9월도 하순으로 접어든다. 가회동 가족들은 환절기에 어떻게 지내는가 궁금하다. 여기 있으면 한국이 그립고, 가족이 그립다. 이것이 외국에 사는 사람의 삶과 비애가 아니겠는가.

동선동 사부인의 편지가 왔다. 반갑고 고마웠다.

미국인 화장품 장사가 집에 들러 비누 한 장을 샀더니 고마워한다. 몇 마디 내 영어를 듣고 날 격려한다. 영어 공부하시라고.

김헌수 군 태권도장에 들리니 제자가 한 명이라 보기가 민망했다. 도장도 비즈니스일텐데 한 명을 가르쳐 어떻게 살까. 이제 부인도 온다는데. 오는 길에 노호크 항구에 콜럼버스가 400년 전 대서양을 처음 횡단한 배를 그대로 건조해 진수시켜서 보고 왔다. 미국에 오니 역사를 배우는 재미가 있다. 나무로 만든 견고한 배가 인상적이다. 스페인 엘리자베스 여왕이 후원한 항해이니 견고한 배를 건축했겠지.

9월 22일

오늘은 추분인가. 낮이 짧아졌을 것이다. 오늘 나는 안낙영 군이 자취하는 집을 구경했다. 대학근처 집 한 채를 빌려 한국유학생 둘이 살고 있고, 파키스탄 출신 중학교 선생이 함께 살고 있는데 요리솜씨도 있고, 상호 상부, 상조하며 재미있게 살고 있었다.

그의 장래에 행운이 있기를 빌었다.

9월 23일

후원에서 자라는 무, 배추가 컸다. 감개무량하다. 생명의 아름다움이 바로 내가 가꾸는 채마밭 아닌가. 농부가 직영하는 가게에서 감자, 사과, 다른 과일들을 사 오다. 값이 싸다. 식료품은 싸고, 옷은 비싸다. 그것이 미국인가 보다.

9월 24일

아들의 이불을 꾸미고, 장조림 고기 사다 장조림을 만드니 가족이 잘 먹는다.

9월 25일

오늘은 기운이 없다. 피곤하다. 늙어 가는 신호인가 보다.

오후에 내 나이 또래의 김일우 선생님 댁에 가서 시간을 보내다. 김 선생님 가족은 아들 내외가 열심히 일하고, 두 노인 내외는 손자, 손녀를 키우는 일을 한다.

내 아들의 동아일보 칼럼 애독자이다. 일주일에 두 번 나가는 「최연홍 칼럼」을 하나도 빼놓지 않고 읽는 고마운 분이다. 몇 시간 우리말로 세상 이야기, 한국 이야기 하니 구겨있는 내 마음이 펴지는 듯하다.

9월 26일

비가 올 듯 해도 비는 오지 않아 후원에 물을 주고 비료를 주다. 척박한 땅에서 자라는 채소를 위해. 오후 자부는 아기와 집에 있고, 아들과 나는 노호크 화원에 가다. 수많은 꽃이 전시되어 있고, 봄에는 진달래꽃 화원으로 유명한 곳. 가끔 꽃을 보러 오자고 아들이 제안한다. 집에만 있는 나를 위한 오후 한나절 나들이.

9월 27일

자부 진료 결과 건강하다고. 산모의 검진이 잘 끝나 기쁘다.

점심에 옛 아파트 이웃들을 초대 서양식 스테이크 구이, 감자 구이, 애플파이로 대접했다. 메조리는 착한 기독교 여자, 봅은 성실한 세일즈 맨. 그들은 내 아들이 노호크에 살면서 만난 오랜 친구들. 그들은 내게 다정했다.

경이 편지가 왔다. 모두 잘 있으니 엄마는 좋은 미국생활 하시고 오라고.

9월 28일

아기 사진 3매와 회신을 가회동으로 보내다. 오늘은 처음으로 전기재봉틀을 사용했다. 좀더 편리한 기계문명을 실감할 수 있었다. 백화점에서 사온 원피스를 고쳐 입고, 아들 옷을 고쳐보니 새 기계에 주눅들 필요가 없다는 생각이 든다. 내 나이에 새로운 것을 시작하니 인생은 끝없는 도전이 아닌가.

9월 29일

손자 생후 7주 되는 날 건강검진과 예방접종주사. 아주 철저하다. 의사는 우리 아기가 아주 건강하다고 이 할미에게 전한다. 의사진료비는 19달러 50센트. 좀 비싼 편이다. 미국의사들은 그래서 부자들인가 보다.

9월 30일

동선동 사부인께 손자 근황과 사진 3매를 보내다. 할미 품안에서 소록소록 잠이 들고, 불어 가는 모습을 적어 보내니 흐뭇하다.

10월 1일

아들의 동료교수 세 커플을 초청. 자부의 요리솜씨를 보이다. 아들과 가까운 젊은 교수 내외들이 한국 음식을 즐기고 갔다. 김밥, 군만두, 갈비구이, 샐러드, 복숭아 젤리를 만들어 대접하니 음식이 모자란다. 내가 평가해도 정일품 요리 솜씨이다.

오늘 낮엔 이 동네 게러지 세일(garage sale)이 있었다. 집에서 불필요하게 된 물건들을 집 앞에 내놓고 판다. 10 센트에서 1달러까지가 대부분이다. 가끔 5달러. 10달러짜리도 나오지만 예외적이다. 우리도 몇 점 내놓았는데 7달러를 벌었다. 그냥 주어도 될 것들이지만 이렇게 타인에게 쓸모가 있다면 아주 작은 돈으로 사고 팔 수가 있다는 사실이 신기하다. 한국에도 이런 차고 세일이 있으면 좋겠다. 서울 우리 집에 차고는 없지만. 경제적이라기보다 자원재사용의 가치가 있다. 물건도 한때 쓰임이 있다가 쓰임이 없어 졌다면 쓰임이 있는 집으로 옮겨갈 필요가 있다. 그릇, 옷도 그렇고, 장난감도 그렇고, 책도 그렇다. 다 때가 있다. 버리기보다 재사용 된다면 자원의 가치는 보존된다. 가난한 사람들에게 좋은 세일이 아닌가.

10월 3일

자부와 둘이서 아침엔 바느질을 하다.

저녁에 이 도시에서 나이가 많으신 김 선생님 내외를 식탁에 초대하다. 그동안 내게 따뜻하게 대해주신 노인들께 보답이다. 외아들 따라 미국에 온 노부부. 그는 60이 넘어도 자동차 고치는 차부에서 일하고 부인은 손자, 손녀를 돌본다. 아들, 며느리는 각각 일터로 가면 노인도 일터로 가고, 김 선생님 부인만 아기들과 집에 남는다. 다 열심히 살고 있다.

10월 4일

음산한 가을 날씨. 스웨터를 꺼내 입다.

작은 아들 가족이 자동차로 온다하여 온종일 기다렸는데 오후 4시, 내일 오겠다는 전갈이 왔다. 워싱턴에서 구경거리가 많아 하루 늦게 도착한단다. 뉴욕에서 워싱턴으로 와서 내일 아침 떠나겠다니 내일 오후에 당도하겠지. 오늘은 기다림으로 보내다.

10월 5일

틀림없이 작은 아들 가족이 도착하는 날이다.

아들이 도착하는 모습을 보려고 정원에서 일하다 오후 4시 집 앞에 서는 아들 차를 보고 달려 나갔다. 이 어미의 마음을 아들은 알까. 세식구 무사히 먼 길을 왔으니 감사할 뿐이다.

큰아들은 대학에서 아직 집에 오지 않았고, 우리 손녀 정희를 안아보았다. 헌 자동차를 몰고 오느라 얼마나 고생했을까.

큰아들이 와 형제를 한 지붕 아래서 보니 어미의 가슴은 뿌듯하고 행복하다. 언제 5남매 이렇게 한자리에 모일지 몰라 안타깝다. 형제의 상봉을 가회동 가족에게 알리고 싶다.

10월 6일

큰아들은 오전 강의를 끝내고 집으로 와 아우와 정구장에 가서 정구를 하다. 두 자부도 공치기를 하고, 나도 끼어 했다. 정희는 공을 따라 뛰어다니고, 저녁엔 안군, 김군이 와 함께 즐거운 저녁식사를 나누었다.

10월 7일

우리 가족은 진달래 화원에 갔다. 진달래뿐 아니라 수많은 꽃들의 화원인데 봄 진달래가 가장 유명해 그 이름을 진달래 화원이라 한다. 그 옆의 동물원으로 가다 어린 손자가 어른들의 부주의로 유아차에서 떨어져 이마에 상처가 생겼다. 어린 아가 상처보다 큰아들 마음 상처가 더 크다. 중국음식점에 가서 점심식사를 끝내고도 그의 기분은 상해 있다. 부주의가 어린아이에게 상처를 줄 수 있다.

10월 8일

안군, 김군이 와서 함께 골프장으로 갔다. 난생 처음 골프장에 가 보았다. 아들일행이 공을 치고 나가면 나도 뒤따랐다. 멀리 공을 치고, 걷고, 그린(Green) 위에 가서는 공을 구멍에 넣는 과정이 골프다. 가능하면 타수를 적게 치고 공을 구멍에 집어넣는 자가 승리한다.

난 한 번도 한국의 골프장에 가본 적이 없었는데 오늘 잔디밭으로 된 골프장을 걷고 오니 기분이 좋다. 초록 잔디밭을 걷는 것이 상쾌하다.

오늘 저녁 옆 집 쥬디 딸을 보아준다고 자부가 약속을 한 모양이다. 아들은 그런 약속을 했다고 화를 낸다. 아우가족이 모처럼 왔는데 남의 아이 보아주느냐고. 큰아들의 성품이 남다른가.

10월 9일

작은 아들 가족은 11시 넘어 뉴욕으로 떠났다. 밤 10시 뉴욕에 무사히 도착했다고 전화 와 안도. 천천히 쉬어가며 쇼핑도 했다고. 바닷길도 좋았다고. 이별은 늘 눈물겹다. 안타깝다.

저녁엔 학장 일행을 저녁식탁에 초대, 좋은 시간을 갖다. 학장 내외는 스위스 출신으로 액센트가 있지만 외모로는 다른 미국인들과 구별하기 힘들다. 그는 역사학자이고, 그의 부인은 독일문학 전공. 내 아들은 그들과 문학 이야기를 오래 나누다. 특히 카프카의 『성(城)』과 『변신』을 가지고. 『성』은 특히 프라하성에서 모티브를 얻어 쓴 작품이라고 한다. 아들은 시인이어서 문학작품을 사회과학에 접목하는 일을 좋아한다.

10월 10일

어제 뿌린 비로 오늘은 청명하고 싸늘하기까지 하다.
오늘 오랜만의 휴일을 온 가족이 즐겼다.

10월 11일

우리 손자가 생후 2개월이다. 건강하고 순한 아가, 참으로 훌륭한 남아로 커주기를 간절히 기도한다. 하나님과 조상님들께 기도한다. 가회동에서 편지가 왔다. 뉴욕으로 전기밥솥을 소포로 보내다. 뉴욕은 물가가 비싸서.

10월 12일

자부는 아기 모유를 중단하고 제약회사에서 나온 어린아이 영양식을 시도한다. 어린 아이에게 필요한 영양분이 거기 다 들어 있다는 구나. 내 가을 옷을 사려고 백화점에 갔으나 마땅치 않아 털실을 사오다.
아들은 내년 여름 연구계획서를 쓰기에 몰두한다. 내년 여름 할 일을 벌써 준비하는 것을 보고 있으면 이 나라는 계획과 준비가 철저한 모양이다.

10월 13일

오늘 날씨는 덥다. 오전에 아들은 잔디를 깎고, 자부는 갈비찜을 해 우리 점심식사로 내놓았다. 오늘 오후 나는 아들을 따라 메릴랜드주 오션 씨티(Ocean City)에서 열리는 미국행정학회 지역회의에 참가하기로 했다. 자부와 아기를 두고 가니 발걸음이 어렵다. 멀지 않은 바닷가 도시이니 아들이 제안한 것이다. 가는 길에 바다 속으로 터널, 바다 위로 다리를 70리 길 가야 하는 경이로운 여행을 하게 되었다. 이 불가사의 바닷길 만들기에 3년 반, 2억 달러를 투자했단다. 돈이 문제가 아니라 인간의 과학, 기술이 경탄할 만하다. 인간의 위대한 힘은 과학이다. 바다를 넘으니 메릴랜드 주. 시골 마을이 나오고 숲지대가 나온다. 농가도, 인가도 보인다. 그림 같다. 콩밭, 옥수수 밭, 망망하다. 망망한 초원을 지나 오션 씨티에 닿으니 다시 바다가 나오고, 다리를 건너니 호텔들이 바닷가에 서 있다.

이 도시는 섬에 들어서 있다. 남북으로 500미터, 동서로는 끝이 보이지 않는 섬은 여름 피서지로 이름 난 바닷가이다. 여름이 지난 섬에서 학술회의가 열리니 이 바다의 도시는 사시사철 손님을 맞이하고 있다.

힐튼호텔 3층 방에 들다. 한 가족이 와서 머물만한 공간이 있다. 우리 모자는 식당으로 가 저녁식사를 미국식 스테이크와 감자, 생선 요리를 들었다. 1인당 15달러 정도. 이 어미를 위해 아들은 여유롭다. 수영장이 열려 있고, 바닷가 기념품 상가도 열려 있어 구경하고 방으로 돌아오다. 먼 길을 온 우리 모자는 포근한 침대에서 잠을 청하다.

10월 14일

아침 회의 개막식에 400여명 학자들과 정부 관료들이 참석, 나는 아들의 어머니로 영광스러운 회의에 참석했다. 거의 모두가 백인들 남녀, 흑인들이 더러 있고, 동양인으론 내 아들이 하나이다. 행정학을 전공한 아들이 자랑스럽다. 미국인들과 나란히 미국정부의 정책과 행정을 논의하고 발전을 도

모하는 일이 대견스럽다. 점심 식사 후엔 바닷가에서 몇 장의 사진을 찍었고, 나는 호텔 방으로 올라가 텔레비전 프로그램을 보면서 쉬었다. 오후 4시 아들은 여기서 한 시간 거리에 살고 있는 인디아나 대학 동기인 이태영 교수댁으로 떠났다. 그 댁에서 저녁식사를 함께 했다. 근처 메릴랜드 주립대학에서 경제학을 가르치고, 부인은 영양사로 병원에서 일하고 있는데 부부가 인디아나 대학시절 내 아들에게 따뜻하게 대해 주었다고. 그들은 이미 결혼했고, 아들은 독신이어서 가끔 그 댁의 식사초대를 받았다고 아들은 기억하고 있는데 그들은 기억하지 못하고 있다. 베푼 자와 베품을 받은 자의 차이 아닐까. 가난한 내 아들의 과거를 들여다보는 듯했다. 아들 둘을 둔 유복한 가정에 신의 가호가 있기를 바랬다. 부인은 경기여고 후배이며 유명한 영문학자, 교육자, 대사 최완복 씨를 아버지로 둔 분이었다. 영양사인지라 한식음식이 깨끗하고 맛있고 식탁의 대화가 정담이었다. 9시경 그 댁을 나와 호텔로 돌아오다. 돌아오는 길 위엔 우리 모자만이 있는 듯했다. 시골길 위엔 자동차가 거의 없었다.

10월 15일

아들 논문 발표가 아침 9시 4층 방에서 있어서 그 방으로 올라갔다. 나는 영어를 알아들을 수 없지만 아들의 발표와 다른 발표자들의 발표를 경청할 수 있었다.

같은 토픽으로 4인 발표하고 1인이 논평한 후 그 방에 참석한 분들이 묻고, 논평하고, 대답하는 형식이었다.

아들의 발표와 논평은 손색이 없었다. 유일한 동양인 학자로 미국의 지방재정에 관해 미국인 학자와 손색이 없어서 나는 행복했다. 천국에서도 외손의 영광을 기도하고 계실 내 어머니에게 감사하는 마음, 어쩌다 둔 딸 하나가 낳은 큰아들, 작은 아들이 학자로, 외교관으로 성장한 것도 내 어머니의 정성이라고 생각했다.

여자들도 발표하고 토론에 참여하는 모습을 보고 성의 평등을 눈여겨보게 되었다. 여자라고 주눅들지 않고 당당하게 발표하는 모습을 한국의 딸들에게 전하고 싶다.

점심식사 후 우리 모자는 집으로 향했다. 시골 길, 바닷길, 숲의 길을 가며 미국은 천혜의 땅을 갖고 있음을 실감하며 노점에서 사과와 고구마 한 상자씩을 샀다. 농부 둘이 직접 판매하니 신선한 느낌을 준다.

다시 바다 밑으로 난 터널, 바다 위로 난 다리를 지나며 오는데 다리 위에서 바다 낚시를 즐기는 일군의 낚시꾼을 만났다. 가재미, 바닷게, 조기류가 쉽게 잡힌다. 여기가 미국어족의 보고라더니 정말 그런가 보다. 쉴새없이 건져 올리는 물고기가 신기하다. 체사픽만은 포토막 강과 대서양 사이 미국 최대의 만이며 그래서 어족의 보고다. 남녀노소 낚시꾼들이 신기하다. 망망한 바다를 보며 잠시 쉬었다 집으로 달려왔다.

그간 우리 아기 더 자란 듯 보인다.

10월 16일

감기기운이 있어 전기담요를 덮고 휴식을 취하다.

후원의 열무는 찬 공기로 자라기 어렵다. 이제 수확의 계절이 오고 있다.

10월 17일

가회동 가족에게 밀린 편지를 쓰다.
손자의 재롱을 보며 시간 가는 줄 모른다.
고추장을 담갔다.

10월 18일

자부가 밤을 사와 구워 먹는다. 한국의 가을밤이 생각난다. 미국에서도 밤을 구워 먹다니 밤은 언제나 추억을 만든다. 불란서 파리 연인들도 겨울밤에 군밤을 먹으며 눈 내리는 길을 걷는다지. 밤은 한국에서 미국, 유럽까지 사람들이 찾고 있으니 세계적이다. 한국 제사상에 오르는 가을 수확. 서울 가족이 그리워진다. 한국 배추 같은 배추를 사와 김장하듯 배추김치를 담갔다.

10월 19일

자부는 이유를 결심하고 갓난아이 식품을 만들어 먹이고, 자부는 젖이 불어서 젖몸살로 고통스럽고, 젖을 짜낸다. 아기는 갓난아이 음식을 잘 먹는다. 고부간의 정이 아기에게서 나온다.

10월 20일

자부는 몸이 가벼워진 듯. 아기는 사람이 들어오면 눈이 가고 머리를 돌릴 줄 안다. 아들도 학교에서 늦게 귀가. 자동차의 밧데리가 나가 차 정비업소에 가서 새로 끼어 넣고 왔단다. 자동차 정비도 주기적으로 필요하다. 매일 쓰는 자동차이니 그렇지 않겠는가.

10월 21일

온 식구가 외출, 우리 아기 장난감을 하나씩 사서 선물했다.

아들과 자부가 내 가을 옷과 화장품을 사서 선물했다. 우리 아기와 내가 선물을 받은 날이다.

오늘은 가회동, 동선동 편지를 받다. 자부의 아버지, 일중 김충현 씨에 관한 신문 기사를 오려서 보내주어서 읽었다. 감동적이다.

안동 김씨 가문의 후예로 한글에서 미술을 찾으신 공적은 높이 평가받을 만하다. 서예는 상형문자인 한자에서 시작했지만 한글서예를 예술로 승화시킨 분이 우리 아기의 외할아버지가 되니 아기가 커서 외할아버지를 자랑스럽게 생각할 것이다.

10월 22일

날씨가 제법 쌀쌀하다. 오늘 저녁엔 아들대학의 음악과 교수 세 분의 발표회가 있어 음악감상을 하다. 피아노, 바이올린, 첼로. 기악 협주. 내 딸 경이의 발표회를 보는 듯하다. 성악이 권태로울 때 기악이 필요하다. 기악이 권태로울 때 성악이 필요하다. 아들 따라 음악회에 오는 기분이 좋다. 모자 집에 오니 자부가 아들과 함께 보낸 시간이 좋았던 모양. 아기의 재롱을 혼자 보던 엄마는 아기가 기특한 모양이다. 그렇지 않고.

10월 23일

다음 수요일, 목요일 아들이 캔사스 회의에 가서 논문을 발표하기 위해 떠난다. 공항에서 비행기표를 사기 위해 공항으로 자부가 차를 몰고 갔다. 아들이 돌아올 때 자부가 공항에 나가야 하기 때문에 연습삼아 나갔다. 침착한 사람이라 아무 문제가 없다. 거기서 노호크 시내 맥아더 기념관을 찾아 나섰다. 맥아다 장군의 어머니 고향이 노호크란다. 그 안에 그의 묘지가 있다. 여기 기념관 안에 묘지가 있는 것은 아니고 석관이 있다.「맥아더 장군의 기도」가 유명하다. 비열하지 않은 아들을 위한 기도. 겸손한 자 앞에서 더 겸손하고, 오만한 자 앞에서 비열하지 않기를 바라는 기도는 모든 어머니의 기도가 아닌가. 맥아더 장군의 어머니도 그런 기도를 하나님께 드렸을 것이고, 장군도 그런 기도를 드렸을 것이다. 기도의 힘, 나는 그것을 배웠다. 여기에 기도문을 옮겨 놓는다.

주여!

약할 때 자신을 분별할 수 있는 강한 힘과,
무서울 때 자신을 잃지 않는 담대성을 주시고
정직한 패배를 부끄러워하지 않고 태연하며,
승리에 겸손하게 하는, 온유한 힘을 주시옵소서!

바라건대, 쉬움과 안락의 길로 인도하지 마시옵고

곤란과 도전에 대하여 분투하고
항거할 줄 알도록 인도하여 주시옵소서

그리하여 폭풍우 속에서 용감히 싸울 줄 알고,
패자를 가긍히 여길 줄 알도록 가르쳐 주시옵소서!
웃을 줄 아는 동시에 과거를 잊지 않는 힘을 주시옵소서!
이것을 다 주신 다음에 이에 더하여 유머를 알게 하시고,
인생을 엄숙히 살아감과 동시에 삶을 즐길 줄 알게 하시고
자기 자신을 너무 중대히 여기지 말고
겸손한 마음을 갖게 하여 주시옵소서!

그리하여, 참으로 위대한 것은 소박함에 있다는 것,
참된 힘은 온유함에 있다는 것을 명심토록 하여 주시옵소서!
그의 마음을 깨끗이 하고 목표는 높게 하시고
남을 다스리기 전에 자신을 다스리게 하시며,

그리하여, 그의 어버이인 저는 "헛된 인생을 살지 않았노라"고
나직이 속삭이게 하소서!

저의 자식이 이런 사람이 되게 하소서.

그는 군인이었다. 육군사관학교 출신으로 태평양전쟁에서, 그리고 한국전쟁에서 거둔 공적은 전쟁사에 오래 남을 것이다. 기념관에는 그의 사진, 훈장, 소지품, 유명한 파이프, 지휘봉, 그가 받은 선물, 동양의 은제품, 자수도 전시되어 있다. 인천 상륙작전은 우리 모자가 경험했던 승리가 아니었는가. 미 의회에서 마지막 행한 그의 연설장면이 기록영화에 나오고, 나는 눈시울이 젖는다. 일본의 항복을 받는 장면도 내겐 감동적이었다.

내가 경험했던 역사현장에 그가 주인공으로 있었으니. 동시대를 살다간

인물은 더욱 감동적이다.

10월 24일

오늘은 제대군인의 날. 유엔 데이. 미국은 제대군인을 위한 사랑이 깊다. 나라를 위해 목숨을 바친 군인들, 살아남은 군인에 대한 예의와 물질적 보상이 크다. 국민 된 자가 내는 세금으로 제대군인 병원을 만들어 운영하고, 대학장학금도 거기서 내놓는다. 한국은 그동안 가난한 정부여서 그들에 대한 예의를 다하지 못한 것 같다.

재봉틀로 누비잠옷을 만드니 아들, 자부의 칭찬이 대단하다. 재료값은 거의 없으니 수공이 비싼 나라여서 내 솜씨가 빛난다.

우리 아기 하루 한 번 대변을 보고, 몸무게가 나가는 것 같다. 제법 무겁다.

10월 25일

아들이 캔사스로 떠나고, 우리 세 식구 고적을 느끼다.

후원 열무를 처음으로 솎았다. 가을이 짙어가니 식물도 자라기가 어렵다.

10월 26일

바람이 불고 공기가 차다. 섭씨 0도. 세 식구의 집이 빈집 같다. 금요일 도착예정이라고, 그 먼데 가서 곧 오기가 어렵겠지.

아침 열무김치를 담그고 오후엔 우리 아기 두 번째 진료일이다. 자부가 운전하고 갔는데 모두 표준형으로 성장하고 있다고 의사가 말한다. 아무렴 할미가 와서 보살펴주는데, 표준형으로 성장해야지.

돌아와 자부는 옆집 쥬디와 과자를 만든다.

10월 27일

동선동 편지, 황갑주 선생의 편지 당도하다.

10월 28일

우리 아기 울다가 내가 안아주면 잠이 들고.

가회동 온 식구들 편지를 써 보냈다. 온 가족 안방에 앉아 오손도손 이야기하듯 썼다.

아들이 5시 15분 도착이라 자부와 내가, 아기가 함께 공항에 나갔다. 캔사스 시가 새로운 도시로 태어나서 거리가 깨끗하고 벽화도 그려져 있어 좋았다고. 아들은 도시문제가 미국의 문제라고 말한다. 빈민들, 흑인들이 살고, 범죄가 많은 도시의 문제들을 해결하는 몫이 행정학자의 몫이라고 한다.

한국은 도시가 살기 좋은 곳인데 미국은 정반대라고. 그래서 도시행정이 중요한 행정의 한 대상이다.

내게는 초콜릿 한 상자를 선물로 가져왔다. 집안이 갑자기 환해지고 가득하다.

10월 29일

할로윈 전야 축제가 초등학교에서 열려 우리 아기와 함께 학교로 갔다. 나는 처음으로 미국 초등학교를 보았다. 교실엔 20명의 학생들이 공부하는 책상과 의자들이 놓여있고, 선생님의 책상과 의자도 놓여있다. 선생님과 아이들이 함께 호흡하는 공간이 교실이다. 벽에는 아이들이 그린 그림들이 붙여져 있고, 화분도 있다.

할로윈은 밤이 되면 어린이들이 귀신처럼 복장을 하고 집집마다 문을 두드리면서 "나를 대접하지 않으면 화를 당해요!"하고 소리치면 집주인이 과자랑 사탕 등을 준비했다가 내주는 전통이다.

우리나라엔 없는 민간 전통이다. 어린아이들이 기다리는 저녁이라고 아들이 알려준다.

10월 30일

아들이 잘 아는 농부의 딸 결혼식이 있어 우리 가족은 결혼선물로 유리그릇을 가지고 갔다.

농가 정원에 친지들이 가득했다. 야외 결혼식은 날씨가 온화하여 좋았다. 여기 풍습은 축의금이 아니라 신혼살림에 필요한 가재도구들을 선물한다고. 목사님의 주례가 인상적이고, 축가가 인상적이었다. 목사님은 신탁의 힘으로 결혼을 성사시킨다. 농부의 딸은 신부 드레스를 입고, 신랑은 해군 하사관 정복을 입고 결혼식장에 나왔다. 조촐한 결혼식 뒤에 하객들이 모여 준비한 음식을 들다. 하객들의 옷이 각양각색이다. 농부 차림으로 온 분들도 있고, 신사복을 입고 온 분들도 있다. 결혼식인데도 형식적인 것을 따지지 않는 사람들이 미국인들인 것 같다.

저녁이 되니 검은 망또를 쓴 귀신복장의 아이들이 문을 두드리기 시작한다. 한 시간, 두 시간이 넘는다. 어린이들은 문을 두드리고 보호자들은 멀리서 보고 있다. 아이들은 플라스틱 호박통을 들고 다닌다. 그 속에 얻은 과자들을 넣고. 돌아갈 때는 "행복한 할로윈"(Happy Halloween!) 하고 떠난다. 초콜릿 4 상자가 다 비워졌다.

11월 1일

뉴욕의 아들 내외에게 편지를 보내다.

이웃들이 그들 아이가 입던 옷을 보내주었다. 여기는 아기 옷을 거의 사지 않고, 쓰던 옷을 입힌다. 우리 아기 옷도 후일 그렇게 쓰일 것이다. 우리는 큰 옷들을 보며 웃었다. 언제 우리 아기가 그렇게 클까 하고. 그러나 언젠가는 그런 큰 옷도 입을거라고.

11월 2일

아기는 소리내어 웃는다. 생후 80일이 된다.

자부는 젖몸살을 한다. 산후 조리를 잘못했는가 몰라.

가회동편지는 모두 안녕하다고.

김헌수 군이 다녀갔다. 그의 아내가 도착한다고.

11월 3일

작은 아들의 전화. 언제나 반가운 목소리.

닭 한 마리 인삼, 대추 넣고 고아 자부에게 주었는데 나 먼저 먹으라 한다.

후원 열무를 솎아주고 비료를 뿌려 주다.

11월 5일

오늘부터 자부는 대학도서관으로 가 공부를 시작한다. 아들 차편으로 함께 나가니 하루를 손자 아기와 함께 지내다. 아기가 순해서 편안했다. 아들 내외가 오후 5시에 돌아와 나와 아기의 평안을 감사했다.

11월 6일

자부가 젖몸살을 할까 봐 걱정이 된다. 자부는 도서관으로 갔다. 뒷모습이 쓸쓸하다. 그러나 시작한 공부를 끝내야지. 남녀 평등인 사회에서 여자도 배워야지. 이화여대에서 약학을 공부했으나 아들대학엔 약대가 없어 학부에서 생물학을 전공하고 있다. 그 안에서도 병리학을 전공하고 있다. 병원에서 일하고 싶어하니. 아들은 아내의 공부를 돕고 있다. 석양에 돌아온 자부는 어린 아기 음식(Baby Food)을 많이 사왔다. 여긴 아기음식도 다양하다. 아기에게 좋은 음식을 만들어 파니 엄마의 수고를 덜어준다. 식품가격은 싸다. 바나나, 귤, 사과…한국에서 먹기 힘든 과일들을 많이 드시란다.

11월 7일

오늘은 휴일. 김헌수 군이 신부와 함께 방문해줘서 반갑게 만나다. 저녁에 우동을 대접하다.

조지아 주지사 출신 지미 카터가 대통령으로 뽑혀 야단이다. 한 평범한 집안의 아들로 태어나 해군사관학교를 졸업하고 해군 장교로 일하다 퇴역, 고향으로 돌아와 농사를 짓다 주 정치에 투신, 주지사가 된 경력인데 리차드 닉슨 대통령의 워터게이트 사건으로 물러난 여파가 평범하고 정직한 기독교인을 대통령으로 뽑게 한 것으로 풀이된다. 경제가 어렵고, 그래서 정권이 공화당으로부터 민주당으로 넘어간 것 같다.

11월 8일

아들은 한국을 떠나기 전에도 감기기운이 있으면 편도선염으로 고생했는데 지금도 고생을 하고 있다. 영하의 날씨. 눈발이 내리다. 버지니아 남쪽이라 사시사철 골프를 한다해도 겨울에 가끔 눈이 내린다 한다. 해변의 도시라 바람이 세고, 그래서 체감온도는 더 차다. 오늘 아들 털실로 조끼를 짜는 일을 시작했다.

11월 9일

서리가 하얗게 내려 겨울 같다. 살얼음이 얼고. 바람이 없어 온화한 오후. 자부와 식료품 상점에 들러 몇 가지 사 오다.

11월 10일

딸 원이에게 편지 오다. 막내딸이 이제 숙녀가 된 듯 어른스러워졌으니 나는 오히려 감격하고 눈물이 앞을 가린다.

작은 아들 전화가 나를 기쁘게 했다. 둘째 자부 태기가 있는 듯 객지에서 고생함이 안타깝다.

11월 11일

내 남편으로부터 자세한 가족 이야기 적혀 있다. 고마워라. 남편으로부터 멀리 떠나있는 죄스러움 어찌 표현할 수 있을까. 아들집에 와 있다 해도, 손자를 받으러 왔다 해도 죄스러움은 씻겨가지 않는다. 큰아들과 너무 오래 떨어져 있어서 이렇게라도 가까이 있음이 한편으로 행복이 아니겠는가. 가난한 유학생으로 한국을 떠나 반체제 문필인으로 귀국도 여의치 않으니 나라도 여기 한동안 아들과 살아야 하지 않을까.

11월 12일

자부는 도서관으로 향하고 나는 손자와 함께 집을 지키다.

11월 13일

된서리에 자라지 못하는 후원의 채소를 다듬었다.

11월 14일

일요일. 봄비처럼 가을비가 내린다. 겨울을 재촉하는지.

뉴욕 자부 태기 축하 전화하다. 입덧이 심하다 하니 멀리서 가지 못하는 처지가 안타깝다. 아무쪼록 건강하게 지내기를 기원한다.

11월 15일

큰아들의 감기가 심해 출근을 못하고 집에서 쉬다. 아무리 아파도 학교를 빠지지 않았었는데 미국학교는 감기 전염한다고 학교에 가지 않는 아들을 보고 놀라웠다.

한국과 미국의 차이가 있다.

김치를 담그다. 김치를 담글 만큼 배추, 열무가 있었으면 좋았으련만, 텃밭은 아주 작은 수확을 가져왔다.

11월 16일

자부의 언니, 재철의 이모의 가을 서예전 소식이 담긴 편지가 왔다. 큰딸로서 아버지의 서예를 전승하는 뜻 깊은 행사가 아니겠는가. 내 아들도 외가를 자랑스럽게 생각해 왔는데, 그의 아들도 그렇게 생각하겠지. 재철이가 크면 명문가의 외가를 자랑스럽게 생각하겠지.

11월 17일

아들 조끼를 털실로 짜다. 완성하는 기쁨. 아들의 체격에 맞게 짠 스웨터를 입히니 행복하다.

재철이가 일어나 놀려 한다. 이제 내일 모레면 백일이 되니 그럴 만도 하다.

11월 18일

백일 기념 사진을 찍으러 사진관에 갔다. 오는 길에 튀김 닭고기, 옥수수를 사왔다.

저녁식사가 되었다.

11월 19일

오늘 재철이 백일을 맞다. 자부가 만든 빵과 잼으로 아침식사를 하다. 아들, 며느리는 대학으로 가고 나는 어린 손자와 함께 하루를 지내다. 해는 짧아지고, 이제 손자는 낮에는 놀려고 한다. 밤이 오면 잠들고. 이제 분별력이 생기는지. 어제 저녁에 먹은 닭고기가 과식인지 속이 무겁다. 자부가 와 소화제를 사오다. 저녁식사로는 미역국을 끓이고. 후식으로 백설기를 만들어 내 놓았다. 김헌수 군 내외가 와 백일을 축하해주었다. 옆집 쥬디도 백일을 축하해 주었다. 미국인들은 백일기념을 모른다. 아마 의학이 발달되기 전 100일 넘기면 생일신고를 하던 습관 같은 거라고 설명했다. 쥬디 가족에게 백설기를 보내다.

11월 20일

재봉틀로 자부의 바지를 만들어주다. 몸에 맞는 옷을 입게 해주니 나도 내 도리를 다하는 기분이다.

저녁에 아들 대학 강당에서 한인회 모임이 있어 아들과 함께 성춘향 영화를 보다. 영화가 끝나고 여흥시간이 있어 나는 아들 대신 노래하게 되어 〈옛 동산에 올라〉를 불렀다. 노래를 사양하는 아들 대신 어머니 노래를 듣고 싶다고 청중이 요청해 노래했더니 박수가 대단하고, 앙콜 송이 요청, 그 다음에 부른 노래가 〈선구자〉였다. 모임이 끝나고 몇몇 한인 지도자들이 태권도장을 운영하는 이수응 한인회장 댁에 모여 저녁식사를 가졌다. 거기서 다시 노래하라 해 〈봉선화〉를 불렀다. 오늘은 내가 노래하는 날로 정해진 모양이다. 최 박사 모친이 성악가인 모양이라고 수군거리던 군중들로부터 한인회장 댁에서까지 내가 노래했으니. 젊은 시절 동경음악학교에 유학하려던 꿈을 둘째 딸 피아니스트로 키우고, 나는 아들 대신해 대학강당에서 노래를 불렀으니 감개 무량하다. 집으로 돌아오는 길에 아들 대학동창인 오민언 씨 댁에 들러 차를 나누고 집에 오니 새벽 2시다. 긴 하루를 보냈다.

11월 21일

오늘은 일요일. 날씨가 온화하다. 늦게 일어나 가회동으로 편지를 쓰다. 내 남편의 생신축하 카드도 쓰고, 밀린 한국어 신문을 읽다.

11월 22일

하루를 아기와 지내다. 남편의 편지, 둘째 아들의 편지 받다. 남편에게 오래 떠나있음으로써 미안한 마음뿐이다. 남편의 생신이 가까이 다가와서일까. 만수무강하소서. 밤 10시 아들 내외 귀가.

11월 23일

오늘 제법 추운 날이다. 땅이 얼어 있다. 바람이 차다. 남편의 진갑생신 카드를 써 보내다.

내 기관지염 약을 구하러 아들은 포츠마스 시의 한인의사 친구를 찾아갔다. 우리 아기는 다 큰 아이처럼 깔깔깔 웃기도 한다. 손자와 세월 가는 줄 모르고 산다. 저녁에 새로 도착한 『수필문학』 11월호를 읽다.

11월 24일

서울을 방문한 아들 후배가 자부친정을 들러 여러 종류의 옷을 가져왔다. 자식을 아끼는 친정 사랑이 내겐 부담이 된다. 아들의 교수연봉이 근검절약하면서 사는 것을 보고 있으니 더욱 그렇다. 내일 아들 처숙부 댁으로 추수감사절 가족모임에 가느라고 몇 가지 선물을 샀다. 숙부 댁은 워싱턴 교외에 있다. 천천히 4시간 자동차 거리란다.

11월 25일

아침 10시 출발, 북쪽으로 2시간 거리에 버지니아 수도인 리치몬드를 지나고, 거기서 다시 2시간 거리에 처숙부 댁이 있었다. 숙부가 반갑게 맞아주어 고마웠다. 훌륭한 대저택에 우리 가족이 쓸 방도 있다. 처숙부는 아들의 중앙고등학교 선배이시기도 해 그냥 처숙부가 아니다. 추수감사절은 우리나라 추석 명절 같다. 민족의 대 이동처럼 많은 미국인들이 고향을 찾아가고, 부모 친지를 찾아간다. 숙부님의 처남도 근처에 살고 있어 인사를 나누다.

어느 나라에서나 가족의 중요함이 느껴진다. 아들은 1972년 12월 이 댁에서 결혼식을 올렸다. 그래서 이 댁은 내게 특별한 의미를 갖고 있다.

11월 26일

오후 2시 워싱턴 다운타운으로 가다. 미국의 수도, 나는 지금 세계 최강의 나라 미국의 심장부로 간다. 거기 높이 솟은 워싱턴 모뉴먼트, 워싱턴 초대 대통령 기념탑으로 가서 기념사진을 찍고, 탑 위에 오르다. 워싱턴 시가는 직사각형으로 된 공간이다. 그 안에 스미소니안 박물관들이 있고, 우주항공박물관도 있고 역사민속 박물관도 있고, 과학박물관도 있다. 직사각형 안은 잔디밭이다. 주마간산 격으로 몰(Mall)을 보았다. 그 직사각형지대를 여기서는 몰이라 부른다. 그 중심부에 탑이 있다. 몰의 한 끝에 의회가 있고, 다른 한 끝에 링컨 기념관이 있다. 몰 밖에 백악관이 있고, 제퍼슨 기념관이 있다. 이것들이 미국의 상징이다. 워싱턴, 제퍼슨, 링컨이 미국 최고의 대통령, 미국을 세운 초대 대통령, 미국의 민주주의를 세운 대통령, 미국의 민주주의를 흑인들에게 확대하고 남북전쟁을 승리로 이끈 대통령, 세 상징적 인물이 인상적이다.

다운타운에서 나와 조지 워싱턴 대통령 집을 찾아갔으나 4시에 문을 닫아 섭섭한 마음으로 나왔다. 포토막 강변의 숲 속에 그의 대저택이 있었다. 대문 앞에서 사진을 찍은 것이 다행.

저녁 7시, 아들의 대학친구, 언제 보아도 모범적이고 존경받을 만한 친구, 김형렬 군 집에서 저녁식사가 약속되어 다시 메릴랜드 교외로 나왔다. 미국에서 만나는 아들의 친구, 가회동에 자주 찾아오던 친구, 아들에게 둘도 없이 귀중한 친구가 여기 살다니 인생은 참 모르는 것 아닌가. 고마워라. 그 오랜 세월 우정을 쌓아 가는 친구들. 부인도 약학 박사로 미국국립보건연구원에서 일한다고. 정성으로 만든 음식을 나누며 지나간 세월을 이야기하다. 끝없는 우정의 강이 우리 아들과 형렬 사이에 흐르기 바란다. 좋은 친구와 인생의 항로를 지난다면 모두가 행복하다. 감사의 마음으로 그의 아파트를 나오다.

11월 27일

김형렬 군의 안내로 다시 조지 워싱턴 사저를 찾았다. 백악관은 그의 사저보다 작다. 백악관은 의회에 비교해 물리적으로 작다. 펜실바니아가 1600번지에 위치한 백악관은 한 채의 하얀 건물이다. 그 안에 들어가 백악관의 일부를 보고 나왔지만. 의회가 민주주의 상징인 셈이다. 경복궁보다도 훨씬 작고, 오늘의 청와대보다도 작다. 미국의 초기 지도자들은 백악관을 권력의 상징이 아니라 의회를 상징으로 삼은 것은 아닐까. 그의 저택을 마운트 버논 (Mount Vernon)이라 부른다. 당호인 셈이다. 마운트는 산, 언덕이라는 뜻. 마차로 다니던 시대 대문, 집으로 들어가던 길, 대저택, 하인들의 가옥, 농기구 창고, 식당, 농지가 그대로 보전되어 있다. 대지주, 하인 100여명 이상이 그의 농지에서 농사를 짓고 있었겠지. 저택 안에는 그 당시 그가 보던 책들이나, 가족들의 초상화, 침대, 가구, 도자기, 그림들이 그대로 복사되어 있다. 영화에서 보던 그런 모습 그대로, 그의 묘지도 그 안에 있다. 대저택에서 바라본 포토막 강, 그 강을 타고 초대 대통령 취임식이 있었던 뉴욕으로 항해해 갔겠지. 두 번 대통령으로 뽑혀 일하다 은퇴하고 이 집에 돌아와 살았다니 권력에 대한 욕심이 없었던지 모른다. 초대 대통령으로써 그의 측근들은 왕처럼 종신제로 할 수도 있었단다. 다 뿌리치고 고향에 돌아온 대통령은 그래서 지금도 존경받고 있다.

점심 후에 우리 일행은 알링턴 국립묘지로 갔다. 비명에 간 케네디 대통령과 그의 아우 로버트 케네디 형제의 묘지에 관광객이 몰려 있다. 1960년대 미국의 비운이 거기 있었다. 꺼지지 않는 불이 그의 묘지를 지키고 있었다. 그곳에서 링컨 기념관으로 이동했다. 어제 본 기념관에 다시 왔다. 대형 기념관은 대리석으로 조성돼 있다. 링컨 대통령이 거기 앉아 있는데 훌륭한 조각품. 벽면엔 그의 유명한 게티스버그 연설문이 새겨져 있었다. 국민을 위한, 국민에 의한 국민의 정부를 다시 일군 감동이 있었다. 거기서 의회를 찾아갔다. 오늘은 밖에서 보지 않고 안으로 들어갔다. 의회의 위엄이 화강암 건축물에서 느껴진다. 의사당 뒤에 대법원이 있고, 지미 카터의 내년 1월 20일 새 대통령 취임식 준비가 진행되고 있었다. 취임식은 언제나 새 대통령이 대법원장 앞에서 성경 위에 손을 얹고 이 나라 헌법정신을 지켜 자기의 임무를 수행하겠으며 신의 가호를 바란다는 선서를 한다. 케네디 대통령은 그의 취임식에 로버트 후로스트 시인을 초청, 축시를 낭송하게 했다. 바로 그 자리다.

석양을 바라보며 우리는 형렬 군과 헤어져 처숙부 댁으로 돌아왔다. 모두 기다리고 계셨다. 늦은 점심식사를 마치고 우리 가족은 버지니아 비치 아들집으로 향했다. 2시경 떠나 집에 도착하니 7시이다. 빗속 길이 멀다. 이 어미가 하나라도 더 의미 있는 관광을 하도록 아들은 최선을 다했고, 숙부님, 형렬 군에게 감사하다. 간단한 저녁식사 후 우리 가족은 일찍 잠자리에 들었다.

11월 29일

오늘도 비는 내리고 아들 내외는 학교로 가고, 어린 손자와 나는 여독을 풀다.

11월 30일

재철 정기 진찰의 날, 자부와 나, 손자는 함께 갔다. 의사는 "Happy Boy!"라고 칭찬한다. 언제나 좋은 말만 듣고 사니 나도 행복하다. 자부는 대학으로 가고, 손자와 나, 집에서 평화로운 하루를 보내다.

12월 1일

오늘이 섣달 초하루. 올해 둘째 딸 경이 결혼하고 친손자를 얻었으니 나는 생애 최고의 해. 하나님께 감사하며 첫날을 지내다.

오늘 읽은 글에서 1절을 여기 옮겨 적는다.

현인이란 모든 사람들에게서 배운 사람
강한 사람이란 자기 감정을 억제할 수 있는 사람
풍족한 사람은 자기가 갖은 것으로 만족하는 사람
사랑 받는 사람은 모든 사람을 칭찬하는 사람

섣달 초하루, 내 나이 58세가 되니 이 지혜의 말씀으로 위안을 받다.

12월 2일

내 남편의 진갑생신, 내가 거기 없으니 얼마나 쓸쓸했으랴, 죄짓고 있는 마음뿐이다. 작은 아들이 50달러 축의금 보냈다하니 다행이다. 큰아들은 뉴욕에 가서 작은 아들과 함께 며칠이라도 지내시다 오라 한다. 어머니는 하나이니 아우와 함께 나누어 갖고 싶은 마음, 고맙다.

12월 3일

제법 차다. 된서리가 눈처럼 지상을 덮다. 오후엔 온화한 날씨로 변화. 정원의 국화 시든 줄기를 잘라내고 후원의 열무를 모두 뽑았다.

이제 겨울기분이다. 자부는 오후 몇 시간이라도 공부한다고 도서관으로 가고, 할미와 손자가 즐겁게 한나절을 지내다.

12월 4일

오전에 어제 절여 놓은 김치를 담그고. 내 밭에서 수확한 것이라 애착이 간다.

저녁 아들 고등학교 후배 정씨 내외가 초청, 그 댁으로 갔다. 가발가게를 운영하는 후배를 아들은 성심껏 돕고 사는 모양이다. 좋은 저녁 식사 후 술이 돌고, 가발가게가 사양사업이 되는 듯 걱정하고 있다. 아들에게 가발가게 파는 일을 도와달라 하니 내 아들이 화를 낸다. 내가 가발가게까지 팔아야 되냐고. 나는 후배에게 미안했다. 그가 내 아들의 비위를 상하게 했는지 모르지만 조용히 말했으면 좋았으련만. 술에 기대어 그런 말을 하는 아들은 아닌데. 그래서 기분 좋게 만나 기분 나쁘게 헤어졌다. 서로 돕고 살아가야 하는데, 가까워도 서로 예의가 있어야 한다고 아들은 생각하는 듯하다.

12월 6일

반가운 편지를 동선동, 신당동 사부인께서 보내 주셨다.
아들은 뉴욕 비행기 표를 사왔다. 아들의 마음 씀에 감사한다.

12월 7일

잠이 모자라는지 기력이 딸리는 듯하다. 지난 밤 늦게까지 서울에서 온 편지에 답신을 썼다. 불면증세가 있어서 수필집을 한 권 완독 했으니 그런가 보다.

12월 8일

아기가 너무 순하게 잘 놀고 있다. 난 피곤하다. 아들, 자부가 소화제와 사이다 같은 7-up을 사다주어 마시고 나서 속이 가라앉았다. 건강해야 하는데, 내 몸이 약해지고 있는지 모르겠다.

12월 9일

남편의 생신 축하 모임에 관해 자세히 쓰신 편지를 받다. 형제들이 다 모였으니 아들 둘 모두 미국에 있다 해도 위안이 되셨겠지. 아들의 시와 논문이 한국의 여러 매체에 발표된다고, 그것이 바로 아들이 아버지 생신에 드리는 귀중한 선물이라고 편지에 적으셨으니 내 마음이 좀 편안해졌다. 아들이 시인인 것을 자랑스럽게 생각하는 아버지, 그런 아버지가 또 계실까.

12월 10일

아들 내외 크리스마스 선물로 내게 스웨터를 사왔다. 겨울옷들이 필요하다고 아들은 생각하지만 나는 그렇게 생각지 않는다. 두터운 내의를 입으면 되는데, 미국은 두터운 내의를 입지 않으니까 그런 것 같다. 아들에게 부담을 주워 미안한 마음, 이들은 알까 모르겠다.

12월 11일

우리 앞집 린네 집에서 어린아이들을 위한 크리스마스 파티가 있어 선물 하나씩 들고 오라해서 우리는 인형을 하나 사들고 재철이와 함께 갔다. 재철이는 갓난 아이지만 다른 아이들은 세 살부터 열 살까지 아동들이다. 싼타로 분장한 린 남편이 나이에 맞게 선물들을 아이들에게 전해주었다. 아이들이 그렇게 기뻐할 수가 없다. 재철이는 자동차 장난감을 받아왔다. 이렇게 키운 아이들이 중학생이 되면 어른이 되는 듯하다. 미국과 한국의 차이가 여기 있다. 우리는 대학을 졸업해도 독립하지 않는데 여기선 고등학교 졸업 후 집을 떠나는 것 같다. 독립심을 키우는 것도 좋지만, 나는 우리 아이들이 아직도 사랑스럽고 함께 살고 싶다.

12월 12일

김헌수 군의 새 집 방문, 새 보금자리를 축복하다.

그러나 차멀미 심하게 하다. 내 몸이 허약해졌는지. 내주는 귤을 먹고 속을 달래다.

12월 13일

하루를 사이다를 마시고 지내다. 금식도 필요한 것을 알게 된다.

12월 14일

아들과 포츠마스 병원 김성룡 의사를 찾아가 진료를 받고 처방전을 받아 약국에 가서 약을 샀다. 집에 오니 딸들의 편지가 기다리고 있어 기쁘게 읽었다. 남편의 편지를 읽어가면서 아주 가까운 친구 홍씨의 사망 소식을 접하다. 인생무상을 다시 실감한다. 인생은 끝없는 생명과 죽음의 연속이 아니겠는가. 모두 한번 왔다 가는데 그 사이 고행이 너무 많은 것은 아닌지.

12월 15일

작은 아들 혁이가 연말이라 무척 바쁜 모양이다. 영사의 일은 교민들과 함께 하는 일이니 그렇겠지.

미국 대학에서 한국 사정에 관한 특별강연을 준비하고 있다고, 즐거운 비명이다. 김 선생 댁으로부터 우리 아기 케프를 선물 받고 과일을 한 상자 보내다.

12월 16일

식욕이 돌아오고, 식사를 맛있게 했다.

우리 아기 큰소리로 무언가 말한다. 이제 무언가 듣기 시작하고, 말하기 시작하니 어른들이 좋은 말을 해주어야지. 좋은 음악을 들려주고. 무언가에 의지해 일어선다. 커나가는 아기를 바라보는 즐거움.

12월 17일

아들 가족과 함께 크리스마스 장보기에 나섰다. 우리 아기 모자를 사고, 옆집 쥬디 집에 그릇을 하나 선물로. 사고, 이웃들에게 보낼 선물들을 사오다.

12월 18일

쥬디네 집 크리스마스 트리(Christmas Tree) 구경 갔다가 향수 한 병을 선물로 받아오다. 크리스마스는 성탄절, 선물을 주고받는 의식은 좋다. 거기 인간의 사랑이 오고 가니까. 그동안 받은 선물을 크리스마스 트리 밑에 두고 있다가 크리스마스 전야에, 아니면 아침에 연단다.

12월 19일

뉴저지에 사는 조카 백수종으로부터 카드가 당도했고, 뉴욕에 사는 조카 신미봉으로 부터 전화가 와 난 기뻤다. 그래도 잊지 않고, 안부를 하니. 미봉이는 서울에 계시는 어머니 환갑 축하하기 위해 오늘 2시 서울로 간단다. 내 아들은 외당숙모 생신에 금일봉을 보냈다. 아들은 비행사 아저씨와 그의 부인에게 언제나 다정하다. 외할머니에게 좋은 숙모 대접을 했던 아저씨와 아주머니가 늘 고마워서이겠지. 외할머니, 아저씨는 세상을 떠나셨지만 아주머니는 살아 계시니까 얼마나 좋으랴.

밤이 되니 온 동네가 크리스마스 장식 등으로 화려하다.

12월 20일

자부의 정성으로 끓인 꼬리곰탕으로 저녁식사를 하고 공항으로 나갔다. 아들 가족의 전송을 받으며 비행기에 올랐으나 비로 한 시간 늦게 출발, 8시경 뉴욕공항에 도착했다. 다시 작은 아들 가족과 반갑게 상봉하다. 밤늦도록 밀린 이야기꽃을 피우다.

12월 21일

뉴욕 아파트는 중앙 난방이라 내의만 입고 있어도 따뜻하다. 큰아들 단독주택은 연료비 때문에 춥지 않게 지내지만 여기는 그렇지 않아 에너지 낭비가 큰 것 같다. 실내공기가 탁하다 환경을 가르치는 큰아들은 자원의 낭비를 참 싫어한다.

자부가 나를 위해 김치를 담궈 놓아 고맙고, 나는 잘 먹었다. 아들은 연말이라 늦게 귀가.

12월 22일

자부는 정성껏 이것저것 만들어준다. 고맙다. 그러나 1년 5개월 된 손녀는 먹지 않고 있으니 보기가 딱하다. 체중이 줄어있다.

12월 23일

아들은 분주하게 시간을 보내고 있는 듯하다. 오늘은 교민들의 결혼생활이 깨지고, 이혼율이 높아지는 사회학적인 상황을 뉴욕시립대학에서 강연했단다. 초급영사가 할 수 있는 강연이겠지만 장하다. 영어로 강연한다는 것이 그리 쉽지 않을 텐데. 뉴저지에 사는 순순이 당고모가 조카가 훌륭한 한국외교관으로 소문 나 있다고 전해준다. 아무쪼록 내 아들이 빛나는 외교관이기를 바란다.

이민 와 외국에 살면서 부부가 힘을 더 합쳐야 할 텐데 이혼으로 끝난다니 이민의 삶이 순탄치 않은 것을 말하고 있다. 듣기가 민망하다.

12월 24일

아들의 동료가 이란으로 전근, 그 댁을 방문, 크리스마스 선물을 전하다. 아이들 때문에 그 부인은 뉴욕에 남는다니 이산가족의 설움이 있겠다.

오후에 한인의사에게 정희의 진료를 받기 위해 갔다. 친절한 의사는 약은 주지 않고, 유행성감기이니 마실 것을 많이 주고, 과일을 먹이라고 말한다. 미국은 약으로가 아니라 자연요법을 가르치려 한다. 약사인 큰 자부가 약대 출신이지만 약을 권하지 않는다. 정희는 신장은 좋은데 체중이 적다고 의사는 말한다. 저녁에 정희 이모 댁을 방문, 환대를 받다. 올 때마다 좋은 대접을 받아 고맙고, 죄송하다.

12월 25일

뉴욕의 크리스마스, 환상적이다. 오늘 저녁엔 아들 중앙학교 동창들이 모여 크리스마스 디너를 갖기로 해 우리는 송편과 떡볶이를 준비했다. 계산약방 다섯째 아드님 집에서 모였는데 모든 동창들이 모여 뜻 깊었다. 그이 집은 저택이었고 내외가 지난 10년 열심히 살아 가구도 잘 정돈되어 있고 여유가 있어 보였다. 남매를 두고 있었다. 모두들 푸짐하게 음식을 준비해 왔고 갈비가 맛있게 구워져 나도 잘 먹었다. 아래층에는 탁구대, 당구대가 있어 여흥도 즐겼다. 다시 서한봉 군 내외를 만나 반가웠다. 이제 공부도 끝나간다니 금의환향하기 바란다.

아, 이 크리스마스 밤, 함박눈이 쏟아져 내리는 것이 아닌가. 모두들 밖으로 나와 눈을 맞았다. 나도 낭만주의자가 되어 눈 위를 걸었다. 아름다운 크리스마스 밤 야경, 그 속에 집집마다 크리스마스 트리 장식이 더 돋보였다.

12월 26일

아들 내외는 뉴저지 남단의 도시 교포사회에 초청을 받고 오후 3시 아파트를 떠났다. 나는 정희와 함께 놀았다. 조금씩 정이 생기는지 손녀가 낯설어 하지 않아 좋다. 연말 파티가 여기 저기 있는 모양이다. 새벽 3시 귀가, 감사장과 라면 한 상자를 선물로 받았다.

12월 27일

이철규란 아들 선배가 저녁식사에 초청, 우리 가족은 아들이 일하는 총영사관에 들려 이철규 씨의 상점으로 갔다. 한국 상품들이 진열되어 있는데 나와 자부에게는 겨울장갑을, 아들에게는 마후라를 선물했다. 모두 그의 상점에 진열되어 있는 상품을 선뜻 내어 주었다. 고마웠다. 대려도란 중국 음식점에서 저녁식사를 했다. 그의 후의에 감사.

12월 28일

아들은 점심식사로 집에서 도시락을 싸 갖고 나갔다. 그렇지, 꼭 외식해야 한다는 규정은 어디에도 없는데 한국인들은 점심식사를 음식점에 가서 한다. 내 어머니 제사를 온 가족이 모여 잘 치뤘다고 가회동 편지가 왔다. 나 하나 두고 가신 내 어머니, 명복을 빕니다.

12월 29일

총영사 댁에서 망년회가 있어 음식 준비차 자부도 아들과 함께 출근, 나는 손녀와 하루를 보내다.

12월 30일

일찍 일어났다. 내일이면 다시 큰아들 집으로 간다. 이제 여길 떠나면 나는 작은 아들과 몇 년 생이별해야 한다. 다음 근무지는 아프리카 어느 나라가 된단다. 첫 해외근무지가 뉴욕이었으니, 다음엔 아프리카로 가서 고생 좀 하라는 뜻이겠다. 이해할 수 있지만 나는 빗물처럼 흐르는 눈물을 감당키 어려웠다. 아프리카 오지가 아니라면 내 서러움은 좀 덜했을까. 아들도 울고, 그러나 이것이 인생이 아니겠는가. 껍질이 깨지는 아픔이 이런 것 아니겠느냐.

12월 31일

눈물로 송별을 하고 노호크로 가는 비행기에 올랐다. 버지니아 비치 집에 오니 10일 동안 재철의 성장이 몰라볼 정도로 똘똘해졌다. 섣달 그믐, 나는 다시 한해를 보내고, 새해를 맞이하니 감사하는 마음, 하나님께, 조상님께 기도하다. 서울에서 온 편지를 읽고, 또 읽다.

1977년 1월 1일

미국 큰아들 집에서 신년 새 아침을 맞게 되었다. 간단한 차례상을 차리고 조상님들께 절을 올렸다. 너무나 감사하고, 감명 깊은 순간이었다. 아들 내외의 세배를 받고, 손자의 세배도 받았다. 밝아오는 새아침처럼 이 해도 내 집안에 희망과 기쁨이 넘치게 하옵소서. 이 세상에 평화와 정의가 넘치게 하옵소서.

아침 10시 김 선생 댁으로 갔다. 신년 하례식이랄까. 우리 식구만 그 댁 초청을 받았다. 새해 점심 식사로 떡국을 들며 양가의 축복을 빌다. 저녁엔 포츠마스 아들 후배 집에서 새해 저녁 식사가 약속되어 그 댁으로 갔다. 미국 여자와 결혼한 후배는 컬러 텔레비전 회사에서 기술자로 일하고 있는데 한국에도 컬러 텔레비전을 만들면 조국에 돌아가고 싶다고 말한다. 그의 아내도 떡국과 만두, 불고기를 맛있게 준비했다.

새해 초하루를 잘 지냈다. 결국 사람과 사람의 교류가 이 세상을 아름답게 만드는 것 아니겠는가. 알뜰한 성의의 초대가 새해 첫날을 의미 있게 했다고, 그리고 아름답다고 여기 적는다.

1월 2일

오늘 우리 가족은 평화로운 휴식을 취했다.

1월 3일

대학에 다녀오던 큰아들 차가 갑자기 신호등 앞에서 서버려 정비소에서 전화가 왔다. 결국 햄톤에 살고 계시는 박상식 교수댁 저녁초대에 갈 수 없어 섭섭했다. 박 교수 내외도 마찬가지 아니겠는가. 한국인으로 몇 안 되는 아프리카 전공의 정치학 박사, 아들보다 몇 년 선배, 그의 부인은 서예가 이철경 여사의 따님, 가수 서유석의 누나. 언제나 가깝게 지내는데 이런 결례를 어떻게 하나. 택시를 타고 가기엔 먼 거리이다.

1월 4일

독일에서 공부하고 있는 질녀 경순이와 질녀의 남편 안석교로부터 문안편지 당도.

재철이가 처음으로 감기기운이 있는지 콧물이 나오고, 코가 막히는 듯하다. 내 부주의 아닌가 미안하다. 아들 털모자를 뜨개질로 완성했다. 아들이 좋아한다. 지금까지 인디아나 대학 모자를 겨울이면 쓰고 지냈으니 가게에서 산 모자가 아니라 어미의 사랑이 담긴 모자의 뜻이 담겼으니 오래 간직하기 바란다.

1월 5일

재철이가 감기기운으로 식욕을 잃고 잘 안 먹는다.

재철 이모로부터 온 편지에 지난 12월 20일 동선동 처남댁이 아들 쌍둥이 순산 소식이 적혀 있어 축하함. 1976년 사돈댁에 경사. 일중 김충현의 서예 특집 신년 방송이 있었다고. 멀리서 축하함.

1월 6일

재철이 감기가 심해지는 듯, 그러나 자부는 의사에게 가는 것을 주저함. 스스로 치유하는 힘을 가져야 한다고 생각한다.

저녁엔 카레 라이스로 식사. 여기서는 만국의 음식을 집에서 해 먹는다. 미국은 만국종의 나라. 만국음식의 나라.

1월 8일

동선동 댁에서 축하 서신을 온 가족이 써 보내왔다. 나는 자부와 함께 백화점으로 가 뉴욕에 보낼 담요, 양말, 기타 상품을 샀다. 뉴욕은 무어든 비싸고, 여기는 뉴욕에 비해 싸니 여기서 사 보내는 것이 경제적이다.

1월 9일

혁의 전화. 뉴욕 나이아가라를 방문, 거기서 제동초등학교, 중앙학교를 함께 다닌 조남현을 만나 얼마나 반가웠는지, 남현이 집에서 이 어미에게 전화. 친아들처럼 지낸 남현이가 내게 전화할 줄이야. 남현이는 의사로 일하고 있다. 영사 생활도 이런 기쁨을 가져오는가. 오래 떨어져 있던 친구를 이역 땅에서 만날 수 있으니 얼마나 좋은가.

1월 10일

저녁에 떡만두국을 안낙영 군이 끓였는데 맛있게 먹었다. 내 아들은 음식 만드는 재주가 없는데 안군은 재주꾼이다. 미국에 와서 아들 후배가 끓인 떡만두국을 먹어보다니. 아들을 키우면서 부엌에 들어오는 것도 허용하지 않았는데 여기 집 구조는 남자, 여자 구별이 없다. 성의 동등권이 있다. 하긴 유명한 주방장은 남자라 하더라. 어머니는 우리들이 만든 음식을 드시면 된다니 미안했다.

1월 11일

소포를 싸서 뉴욕에 보냈다. 작은 선물이지만 내 정성이니 받아주겠지.

신년을 맞아 쓰신 남편의 편지 속에는 서울이 49년 만의 혹독한 추위라고 쓰여 있다. 나만 여기서 편안한 삶을 즐기고 있으니 죄 짓고 사는 것 같다. 아들의 글이 실린 『수필문학』이 도착했다. 아들 소개하는 자리에 시인 · 정치학 박사 · 올드 도미니언대 교수라고 적혀 있으니 그 아들을 내 아들로 둔 이 어미가 행복하다. 아들 글의 애독자가 바로 이 어미가 아닐까. 이 마음을 알아줄까.

1월 12일

우리 재철이와 하루를 보내다. 아들과 자부는 대학으로 아침에 가서 저녁에 돌아오다.

1월 13일

김 선생님 댁 초청으로 그 댁에 가서야 손자 해돋이 생일인 것을 알았다. 생일 선물을 준비 못해서 죄송했다. 아들은 회의 참석차 워싱턴으로 떠났고, 나는 함박눈에 갇혀서 저녁에 귀가하다. 그 댁에서 엘리자베스 대학 역사학 교수 주우정 박사를 만나다. 주 박사는 남편 밑에서 한국민주당 정치활동을 한 젊은 청년이었다고. 세상은 넓고도 좁다. 가난한 시절 야당 정치인들의 삶이 얼마나 힘들었는데, 거기 몸담고 있었다니.

1월 17일

밤 10시경 아들은 돌아왔다. 워싱턴에 중국에 관심 있는 학자들이 한 달에 한번 모이는데 아들도 거기 갔었다. 아들도 워싱턴지역에 살고 있는 학자로 대접받고 있는 모양이다. 정부 관계자들도 학자들과 끝없이 지성적인 교류를 원하는 것 같다. 정보가 귀중한 것이고, 학자들도 정보의 소스가 되니까. 아들은 한국에서 온 학자로 그 모임엔 교양으로 가는 듯.

1월 18일

오늘부터 봄 학기 시작, 주 3일 강의가 잡혀 있다. 한국의 봄 학기는 3월에 시작인데 여기는 겨울방학이 크리스마스에서 신년 초까지. 첫날은 한 학기 강의계획서를 배부하고 강의 방법, 숙제, 시험문제 등을 논의한단다.

경이와 정랑의 신년 문안 편지, 딸과 사위를 대하듯 편지를 읽다.

1월 19일

아들은 남쪽 플로리다 주 플로리다대학에서 열리는 학술회의 참석차 아침 8시 비행기로 떠나고, 우리 남은 가족은 비행장에서 송별하고 귀가.

1월 21일

경에게 답장을 쓰다. 자부가 신년 쎄일을 찾아가자 하여 씨어스에 가다. 뉴욕 아들 구두 한 켤레, 털실을 사왔다. 백화점 한 모퉁이에 한인들이 경영하는 음식점에 가서 샌드위치와 음료수를 들다. 이민 온 지 2개월쯤 된 한국여자들이 우리를 보고 그렇게 반가워할 수 없다. 언제 봐도 고향사람은 반가웁다.

아들 오후 5시 40분 노호크 공항에 도착, 우리 세 식구 비행장에서 마중, 플로리다에 한파가 밀려 귤 농사를 버렸다고 전한다. 아들이 집을 비운 지 이틀 밤인데 오래 출타했다 온 기분이다.

1월 22일

뉴욕 작은 아들, 며느리로부터 전화, 반가운 목소리. 오늘이 공일이라고 한가함을 즐기다.

1월 24일

아들이 귤 백 개가 든 상자를 사와 전한다. 어머니 여기 계시는 동안 한국에서는 귀한 귤을 많이 드시고 가란다. 지금이 귤의 철이란다. 플로리다 여행이 바빠 귤 한 상자 못 사온 것을 미안해하며 여기 시장에서 사 온 것이다. 신선한 귤을 마음껏 먹었다. 아들 내외의 효심에 남 몰래 울다.

1월 25일

작은 아들의 구두와 손녀의 양말을 짜서 뉴욕으로 부치다. 다 잘 맞았으면 한다.

1월 26일

자부는 일찍 대학으로 갔다. 나는 동선동 사부인께 편지를 써 보내다.

아들, 자부가 돌아오면서 내가 입을 낙타 오버코트를 사 왔다. 재철이 밥상도 사오고. 고맙고, 미안하다. 어미가 돈이 없는 죄로, 아들에게 신세를 지고 산다. 아들은 재철이를 돌보아주시니, 그 이상 급료를 받으셔야 한다고 말한다. 고맙다.

원이가 농협으로 취직이 결정될 것이라는 가회동 편지가 나를 설레게 한다. 아무쪼록 막내 딸에게 행운이 있기를 기도한다.

1월 27일

원이가 성심여대를 다니느라고 춘천으로, 부천으로 멀리 다니던 모습이 온종일 눈앞을 가린다. 이제는 어엿한 숙녀가 되어 직장에 나가게 되니 감사하고, 감사한 마음뿐이다. 식품영양학과 출신이니 농협이 좋은 직장이 되리라. 정희가 잘 먹고, 잘 놀고 있다고 뉴욕 자부의 편지가 당도하다.

1월 28일

자부가 끓여준 떡국을 먹고 아침 9시 반경 여로에 올랐다. 토요일이라 차들이 많지 않아 여행하기 좋았다. 서북쪽으로 올라가니 연도에 하얀 눈이 그대로 쌓여 있다. 리치몬드를 지나 서북쪽으로 향하니 더 많은 눈이 쌓여 있다. 샤롯트 빌(Charlottesville)이란 도시에 도착하니 3시간 자동차 거리.

읍 정도의 도시이다. 호텔에 짐을 풀고 노정현 선생님께 전화를 드리니 곧 호텔에 오셔서 반갑게 만났다. 이번 여행은 훌부라이트 교수로 버지니아 대학에 오신 노 선생님을 뵙기 위하여 아들이 올라온 길이다. 연세대 사제지간인 아들과 노 선생님의 인간 관계는 이 먼 길을 단숨에 오게 했다.

산 밑에 있는 중국음식점으로 가 점심식사를 갖다. 시골 중국음식점 요리는 좋은 점수를 받기 어려웠다. 식사 후 버지니아 대학을 방문했다. 아들은 이미 이 대학에 여러 번 들렀고, 노 선생님도 여기 머물고 계시니 대학 교정의 방문은 나를 위한 것이었다. 미국의 3대 대통령 토마스 제퍼슨이 세운 대학, 그가 설계한 교정이 인상적이다. 직사각형 교정의 한 끝에 대학 행정기구가 있고. 혼자 쓰는 학생기숙사가 이어져 있고, 다른 한 끝에 총장실이 있다.

기숙사 뒤로는 교수 사택이 있다. 제퍼슨이 설계한 대학은 교수와 제자, 행정가가 삼위일체 되어 있었다. 참으로 경탄할 만한 인물이 제퍼슨인 것을 알았다. 미국의 민주주의를 확대한 위인, 주와 지방정부의 권위를 위해 헌신한 정치적 지도자이다. 기숙사에는 오늘의 대학생들이 들어 있는데 오직 모범적인 학생들만이 이 기숙사에 들어올 수 있다고 한다. 이 기숙사에 들어온 학생들의 긍지는 대단히 크리라. 그 기숙사 한 방은 아무도 들어있지 않은데, 그 방은 애드거 앨런 포(Poe, Edgar Allan, 1809.1.19~1849.10.7)가 쓰던 방이란다. 유명한 시인이 된 포의 방은 그냥 비어두었는데, 우드로 윌슨이 쓰던 방은 지금 학생이 들어있다. 시인인 내 아들이 자랑스럽게 "시인이 대통령보다 더 우위에 있다"고 설명한다. 노정현 선생님도 그 사실을 처음 듣는지 의아해 하신다. 그렇다. 시인의 품위가 대통령보다 높아야지.

거기서 노 선생님 아파트로 갔다. 방 하나 아파트, 1월부터 5월 봄 학기 방문교수로 오셨으니, 가족은 서울에 두시고 단신 오셨으니 방 하나면 족하리라. 일주에 6시간 강의가 잡혀 있고, 책 한 권을 쓰실 계획이라고 말씀하신다.

대학원에서 공부하는 한국학생 둘이 찾아와 식사준비를 했다. 그 방에서 저녁식사를 함께 하다.

아들과 스승은 학술적인 이야기로 저녁을 보내고, 우리 모자는 밤 11시 호텔로 돌아왔다.

1월 29일

아침식사를 노 선생님 아파트에서 커피와 잼 바른 빵으로 하고 주일인지라 대학 근처의 교회로 갔다. 노 선생님은 교회의 평신도 지도자로 교회를 거르지 않으신다. 미국교회의 예배인지라 다 알아들을 수 없지만 그 분위기를 알 수 있었다. 찬송이 있고, 목사님의 설교가 있고, 축도가 있고. 예배 후 제퍼슨의 사저인 몬티첼로에 올랐다. 산언덕을 그의 집터와 농지로 삼아 그가 직접 설계한 대저택이 인상적이다. 불란서 문화를 좋아한 제퍼슨은 그의 저택 당호를 불란서 이름 몬티첼로로 정한 것을 보면 조지 워싱턴과는 다른 성품을 갖은 선각자였던가 보다. 첩첩 산들이 멀리, 가까이 보인다. 아팔라치아 산맥이 뻗어 있다. 사방이 다 보이는 언덕에 찬 바람이 불고. 남향의 집안에는 그가 읽었던 책들이 그대로 있고, 가구, 그림, 벽시계, 조각품, 식탁, 도자기그릇이 그대로 있다. 부엌 체가 따로 있고, 아마 화재 염려도 있고, 하인들이 음식을 본체로 운반했을 테니까. 하인들, 노예들이 쓰던 집들이 농기구 창고들과 함께 있다.

씨앗 저장고도 따로 있다. 산아래 그의 가족묘지가 있는데 그의 묘비에 새겨진 문구가 인상적이다. 워싱턴의 묘는 지상으로 나와 있는데 제퍼슨의 묘는 지하에 있는 차이가 있다. 워싱턴과 제퍼슨은 미국을 세운 동지였는데, 그래서 제퍼슨이 워싱턴 초대 내각의 국무장관을 지냈는데 후일 워싱턴의 연방주의자 당에서 나와 주와 지방정부의 권익을 위한 반 연방주의자 당을 세워 대통령이 된다. 버지니아 헌법, 독립선언서 기초, 버지니아 인권헌장, 버지니아 대학 창설자란 그의 업적이 들어있는데 미국 대통령 했다는 문구는 없었다. 아들에게 물어보니, "제퍼슨은 대통령직을 그렇게 좋아하지 않았나 봐요!"라고 대답한다. 하긴 지성인들에게 정치는 그리 좋은 취미생활이 못되지.

조선의 지주들과는 다른 스케일의 미국 지주의 저택과 농토를 보았다.

초대, 3대 미국 대통령 저택을 보았으니 나도 미국역사를 조금은 터득하고 간다.

다시 노 선생님 아파트로 와 작별인사를 나누고 버지니아 비치로 돌아오다. 저녁 7시에 귀가하다.

1월 30일

재철이와 평화로운 하루를 보내다.

2월 1일

용당리 여섯째 시동생으로부터 신년인사가 담긴 연하장이 도착했다. 아버님이 고령인지라 혼미하고 계신다고. 시골에서 부친 글이라 거의 한 달이 걸린 편지이니 근황이 아쉽다. 멀리 떠나와 있으니 기도밖에는 내가 할 일이 없다. 고향산천이 그립다. 평강을 빈다.

2월 4일

입춘이 다가오니 햇볕이 차갑지 않다. 제법 봄볕이 따사롭다. 재철이를 안고 밖에 나간다.

독일에서 공부하는 경순에게서 온 편지를 다시 꺼내 읽는다. 이제 공부도 끝나 한국에 가 볼 예정이라니, 그들이, 그들의 부모가 얼마나 기다리던 소원을 성취한 것이랴. 독일에서의 공부가 더 각박한 것이었던가. 형설의 공을 이루었다. 학생부부생활을 마치게되니 축하할 따름이다. 아들이 안서방 박사학위 논문 준비를 위해 자료를 보냈다고.

재철이는 이제 "엄마"를 부르기 시작하고, 앉으려고 애를 쓴다.

2월 5일

재철이 털옷을 짜 입혔다. 김 선생댁 점심초청을 받고 휴일 점심식사나 함께 하자는 줄로 알고 갔더니 김 선생님 환갑이라 많은 이웃들이 모였다. 주우정 교수 따님이 바이올리니스트로 〈Happy Birthday!〉를 연주해 김 선생님 가족과 하객들을 행복하게 했다. 포도주와 해돋이 옷 한 벌을 선물로 가져갔지만 선물이 미약해 미안한 마음으로 점심을 들었다. 해돋이가 입던 옷들을 재철이를 위해 얻어왔다. 환갑을 외국에서 맞는 분께 축복이 있기를 바라며 그 댁을 나왔다. 인생은 나그네 길 아닌가.

아들이 『월간문학』에 발표한 「미국」이란 시가 1월 25일자 동아일보 문화면 시평에 지난해 한국문단의 훌륭한 시편으로 뽑혀 있었다. 나를 행복하게 해주는 아들. 시인 아들을 둔 이 어미의 행복이 이런 것일까.

2월 6일

재철이가 나를 행복하게 해준다. 엄마를 부르고 할미를 알아본다.
작은아들의 발령이 2월 10일 있을 예정이라니 아들이나 정 서방이나 좋은 임지가 나오기를 기도한다.

아들은 이 어미를 위해 컬러 텔레비전을 산단다. 그 마음을 어찌 모르랴.

2월 7일

아들 내외는 일찍 대학으로 갔고, 나와 재철이 장난감도 만지며, 음악을 들으며 하루를 보내다. 내가 어린아이처럼 행복해지는 듯하다.

2월 8일

남편과 원의 편지가 오다. 그 동안 쌓인 이야기들이 그 속에서 나온다.

2월 9일

연성이가 공주사대 입학되고, 윤섭의 아들 서울대 입학소식이 나를 기쁘게 해주었다. 민순이 딸을 낳았고, 용순이는 2층집을 완성했다니 반가운 소식이다. 큰 딸 산월이 내 달이고, 둘째 딸도 임신이라니 모두 건강하게 지내기를 빈다. 셋째 딸은 취직된 몇 안 되는 행운아 가운데 하나라니 자랑스럽다. 대학을 졸업해도 마땅한 일자리를 못 얻는다니 답답하다.

2월 10일

아기나 자부 모두 유행성감기에 걸려 콧물이 나오고 옆 집 쥬디네도 모두 감기에 걸려 있다. 공기로 전염되는지 집들이 멀리 떨어져 있어도 유행성 감기는 퍼진다.

2월 11일

자부는 병원실습에 나가고, 아기는 땀을 흘리고 기침을 한다. 차도를 보여 마음이 놓인다.

2월 12일

나도 감기에 걸렸는지 기분이 상쾌하지 않다. 일기가 화창해 밖의 공기를 쐬러 세이후웨이 식품점에 나갔다 왔으나 오히려 감기에 걸린 듯 기침이 나오고, 다리에 힘이 없다. 감기약을 먹고 휴식을 취하다.

2월 13일

내 몸은 성치 않으나 김치를 담갔다. 저녁식사로 비빔밥을 잘 먹었다. 비빔밥은 한국인들의 총체적인 영양이 들어있는 밥, 그릇 하나에 밥, 야채, 고기가 들어가고 고추장이 모두를 하나로 섞어놓는다. 가장 효율적인 식사. 비빔밥을 먹고 나면 버릴 것이 없어서 좋다.

아기는 땀 흘리는 기색이 없고, 잘 놀기 시작한다. 앞으로 넘어질듯 걸어나온다. 내가 물러서면 더 빨리 걸어나온다. 영리한 아기.

2월 14일

원의 2월 24일 졸업축하와 동선동 사부인 생신 축하 카드를 써 보내다. 2월은 졸업 시즌이 되고, 새 봄을 맞는 격동기인 것 같다. 언 땅에 죽은 듯 서있는 매화꽃이 피어나고 만물이 생동하기 시작한다.

2월 15일

오늘 내 몸은 가벼워진 듯 나를 것 같다.

아기는 자장가를 좋아한다. 내가 부르는 자장가를 들으며 잠에 빠져든다. 노래 부르는 내 입을 유심히 바라본다. 그리고 만진다. 방안에 있는 사물들에 눈을 주고 있고, 움직이는 것들에 게 관심을 갖는다. 방바닥에 놓여 있는 것들, 그리고 낙하하는 것들, 그 지점에 가서 무언가를 확인하려 한다. 분명 재철이는 사물의 인식을 시작하고 있다.

2월 16일

혁과 정랑의 발령 소식이 없어서인가 초조하다. FM 방송 명곡감상도 아무 감흥을 주지 못한다. 고독이 몸 속으로 들어오는 듯 하다. 이럴 때 누가 전화라도 주었으면 하고, 옆집 쥬디라도 문을 두드리고 들어 왔으면 한다.

오후에 우편배달부가 전해준 『수필문학』을 펼치고 유경환 씨가 쓴 「북구의 겨울하늘」을 읽었다. 아들의 대학선배로 좋은 시인인데 좋은 수필을 쓴다. 시인의 품위를 수필에서도 지키고 있다. 그 글을 읽고 나니 내가 스웨덴, 노르웨이, 덴마크에 가 본 기분이다. 거기 겨울은 낮 4시간, 밤 18시간이라니 어둠 속에서 사람들이 살고있는 느낌을 준다. 밤으로의 긴 여로가 있으면 사람들은 두더지 같을까.

그의 글이 내 고독을 위로해주었다.

2월 18일

밤 11시 뉴욕에서 전화가 왔다. 작은 아들은 기어이 아프리카 아이보리 코스트로 발령이 났다고 한다. 이미 예상하고 있었지만 나는 떨려서 아무 말도 할 수 없었다. 뉴욕 근무 다음엔 아프리카 오지로 가는 줄 알았지만 내 아들에게 예외가 있기를 기적처럼 바란 내가 천치다. 외교관의 사명은 이럴 때 순종하는 것뿐인가. 대학 졸업 후 대기업에도 갈 수 있었는데 외교관의 길을 선택했으니 받아들여야지. 정랑은 이번 발령에 빠졌는가 소식이 없다.

2월 19일

나는 혼자 생각한다. 어딜 가나 내 어머니 혼백이 내 아들을 지켜주실거라고. 최씨 선조들이 혼백이 내 아들을 지켜주리라고, 하나님이 내 아들을 지켜주리라고. 기도하는 마음으로 하루를 보내다. 오늘 날씨는 봄날 같다. 자부는 집에서 종일 시험공부.

2월 20일

나는 외출 후에 피로감을 느낀다. 나도 아기와 집에서 쉬었다. 아들은 안군이 열심히 일해서 번 돈으로 한 과목 정도 등록할 수 있다고 걱정하며 그를 찾아 나갔다. 안쓰러운 고학생, 아들이 그를 재정적으로 도울 수 있기를 바란다.

2월 21일

나와 아기를 위해 컬러 텔레비전을 사왔다. 하루라도 더 컬러 텔레비전을 보시다 한국으로 떠나시길 바라지만, 재철이도 이제 세상에 눈을 뜨고 있으니 흑백보다 컬러가 더 색깔에 눈을 뜨게 하겠지. 한국도 머지않아 컬러 텔레비전 시대가 오겠지. 흑백사진이 더 예술적인 사진이라고 말하는 사진작가도 있지만 컬러 사진이 더 예술적인 사진이라고 말하는 사진작가도 있겠지. 무엇을 찍느냐가 문제이겠지. 내 아들도 유행에 늦는 사람 아닌가 몰라. 남들은 다 컬러 텔레비전을 들여놓았는데.

2월 22일

황갑주 시인의 편지에 미국 속의 한국시인과 작가에 관한 논평이 재미있다. 내 아들이 한국에 있든, 미국에 있든 좋은 시편들을 발표하기 바란다. 문학작품의 품질을 평가하기는 쉽지 않겠지만. 아들 내외는 아침 일찍 출근, 밤늦게 귀가, 늦은 시간에 간단하게 식사를 한다. 여기 사람들은 먹는 것에 큰 관심이 없는 것 같다.

2월 23일

3월엔 제사가 있는데, 그리고 시아버지 85회 생신이 있는데. 심천 시동생에게 편지를 써 보냈다. 내가 멀리 떠나 와 있으니 조상님들께 죄송하다. 종부 된 자의 도리를 못하는 것 같아서.

2월 24일

혁이 소식이 궁금하여 밤 11시 전화하니 아들은 아직 귀가하지 않았고, 자부는 불어공부를 한다고. 3월 20일 자부는 서울로 가고, 아들은 바로 아이보리코스트로 간다고 한다. 가족이 한동안 떨어져 있고, 말라리아 약을 지금부터 먹어야 한다니, 고생 길이 시작되었다. 이렇게 생각하면 아들이 안쓰럽고, 그러나 다른 외교관들도 이런 고생길을 걸어가고 있으니 받아들여야지. 내 아들도 이기고 돌아와야지. 아프리카라고 사람이 못 사는 땅은 아니겠지.

2월 25일

서울에서 아들 글이 실린 『신동아』가 왔다. 1976년 11월 대통령 선거를 보는 한 정치학자의 글이다. 지미 카터의 승리 요인과 그의 대통령직이 한국에게 미칠 영향을 진단하는 글이다. 난 아들 글을 감사하며 읽었다. 동아일보에 김광협 시인이 기자로 일하고 있어 아들에게 청탁한 글인데 동년배의 시인 우정이 고맙다. 60년대부터 김광협은 내 아들에게 제주도이며 서귀포이다.

재철이는 비상한 아이인지 그 나이의 어린아이가 아니다. 내가 편견을 갖고 있는지 모르지만.

2월 26일

봄바람이 집안에 있기를 거부한다. 오월의 봄날 같다. 아침에 꽃밭을 만지고 점심식사를 한 후 우리 가족은 욕타운, 윌리암스버그, 제임스 타운, 미국의 유명한 고적지를 찾아 나섰다. 300년 전 미국의 독립군과 영국군이 마지막 싸우던 격전지가 바닷가에 자리잡고 있다. 그 당시의 포대가 들판에 있고, 욕타운 전투는 불란서의 미국독립군 지원으로 영국군을 패하게 했다고 적혀 있다. 영국과 경쟁국이던 불란서를 끌어들인 미국의 지도자 혜안이 무섭다. 벤자민 후랭크린이나 토미스 제퍼슨이 다 불란서와 가까운 인물이었다니. 바닷가에 대나무 숲이 있었다. 아, 내 고향의 대나무, 여기서 만나니 그렇게 반가울 수가 없다.

거기서 제일 평판이 좋은 바다생선 음식점으로 가 이 어미를 위해 아들은 아주 좋은 음식을 주문했다. 바닷가 고급 음식점에서 먹는 저녁식사가 좋았다.

맛있는 식사를 마친 우리는 거기서 나와 윌리암스버그를 찾았다. 미국 식민지시절 버지니아총독관저와 의회건물이 그대로 서있고, 토마스 제퍼슨이 다녔던 대학, 윌리암 엔드 메리(William and Mary)가 있고, 조지 워싱턴, 토마스 제퍼슨이 함께 술 마시던 술집, 그들의 말이 메어져 있던 거리, 그 당시의 집들과 정원이 그대로 남겨져 있는 도시, 록펠러가 자기 돈으로 이 도시를 복원해 놓았다니 참으로 훌륭하다. 역사를 보전하는 부호는 존경받을 만하다.

윌리암스버그에 도착했을 때 이미 어둠이 천지에 내리기 시작하고, 우리는 그 도시를 다시 찾기로 하고 제임스 타운으로 갔다. 욕타운(Yorktown), 윌리암스버그(Williamsburg), 제임스타운(Jamestown)은 바로 이웃 옆 동네에 위치하고 있다. 제임스 타운은 제임스 강 연안에 있는 유적지이다. 400년 전 영국인들이 제일 먼저 미 대륙에 착륙한 정착지인데 거기엔 그 당시의 교회건물과 집터의 흔적만이 남아 있다. 청교도들이 맨 처음 도착한 곳이 보스턴지역의 바닷가로 알려져 있는데 여기가 먼저란다. 어둠이 완전히 내린 강 안을 자동차 안에서 보았다.

오늘 이 봄날에 나는 미국의 역사공부를 하고 돌아왔다. 버지니아 비취에서 3시간 거리에 있는 아름다운 역사도시가 인상적이다.

2월 27일

김헌수 군이 아들을 얻었다. 노호크에 있는 듀폴 병원에 가서 산모와 새 애기를 보았다. 모두 건강하다. 부인의 새 미국생활이 아들 생산부터 시작하니 만사가 형통하기를 바란다. 돌아오는 길에 여름 소나기를 만나 빗속을 지나왔다.

2월 28일

2월도 간다. 자부는 오늘부터 햄턴 병원으로 출근하기 시작한다. 그래서 새벽 6시 집을 나섰다. 안쓰럽다.

재철이는 앉아서 놀기도 하고, 옆으로 기기도 한다.

안낙영 군이 왔다가 갔다. 고학이 어려워도 그가 승리하기 기도한다.

3월 1일

재철이 할미가 먹는 걸 달라는 시늉을 한다. 입을 벌린다. 자부는 병원 기계이름을 몰라 첫날 힘들었다고 한다. 외국에서 학부공부가 참 어려운 것 같다. 모두 난관을 극복하고 가야지.

3월 2일

아들은 노호크 법원에 가서 미국시민권을 획득하는 절차를 밟고 선서를 하고 돌아왔다. 앞으로의 전진을 위해 도리가 없단다. 한국의 국적을 버리는 것이 부끄러운 것 같다. 유학생으로 와서 미국에 정착하는 아들의 삶을 바라보는 내 눈에도 슬픔의 눈물이 고인다. 아무도 국적을 묻지 않았으면 한다. 세계인이 되어 살아라.

원의 두 형부가 신입사원을 위해 드레스를 맞춰줬다는 가회동 편지가 당도했다. 두 사위가 고맙다. 아무쪼록 형제의 우애가 아름다운 집안 되도록 해주옵소서.

쥬디네 집 화병받침을 수놓아 선물했다. 내가 그에게 주는 작은 기념품이다. 나는 떠날 준비를 한다. 재철이도 커가고. 나는 내 자리로 돌아가야 한다.

3월 3일

가회동에 답신을 쓰다.

3월 4일

오늘은 정원에 돋은 쑥을 캐 김치와 섞어 먹으니 새봄의 미각이 괜찮다. 봄나물을 내가 제일 먼저 맛본 기분이다. 쑥은 봄의 전령사, 아니 그런가. 작은 딸로부터 편지 가 당도했다. 정랑이 몸이 너무 여위어서 진찰을 받는다고. 너무 가난해서 그런 거겠지.

밤에 작은 아들로부터 전화가 왔다. 아프리카로 가는 준비가 잘 되어가고, 2등 서기관으로 승진해 간다고. 마음이 좀 놓인다.

3월 5일

저녁식탁에 김 선생님 내외와 고부출신 은봉수 박사 내외를 초대, 정성껏 음식을 차리고 정담을 나누다.

3월 6일

대학은 봄방학이다. 아들과 자부가 집에 있으니 집안이 가득하다. 아들은 논문 쓰는 일로 일주일 방학을 활용한다. 어제부터 내린 봄비가 오늘도 간단없이 내린다.

3월 8일

아들의 의사 친구들을 내일 초대하기로 해 장을 봐 왔다. 내가 여기 와 있는 동안 의사친구들 신세를 많이 졌으니 갚아야지. 의사들은 미국에서 최고의 사회적 지위를 갖고 있다. 생명을 다루는 사람들이니까. 나는 미국에 잠시 머무는 사람으로 의료보험, 건강보험이 없어서 병이 나면 큰 일이다. 다행이 아들 친구 중에 의사들이 몇 분 있어서 마음이 놓인다.

3월 8일

의사친구들이 와 아들은 그들을 정구장으로 모시고 가 정구를 하고 돌아와 저녁식사를 했다. 저녁식사 중에 김 의사는 무전 호출이 있어서 병원으로 가 환자를 보고, 다시 밤 8시에 돌아왔다. 그들이 좋은 대접을 받아야 하는 이유가 있다. 최 의사는 미술대학 출신인데 나이 들어 의사의 길을 선택했으니 남다른 분이다. 모두들 내게 아프지 말라고 당부한다.

3월 9일

잔디밭 빈자리에 씨를 뿌리고 있는데 우체부 아저씨가 "하이!"하며 온다. 나도"하이!" 하고 인사했더니 함박꽃처럼 웃는다. 그는 내게 가장 반가운 사람이다. 내게 한국에서 온 편지와 책들을 전해주고 가니까. 우체통에는 남편의 편지와 예상치 않았던 공설영의 편지가 있었다. 설영이는 시카고 교외에 산다고 들었는데 내 딸이 내가 여기 와 있는 걸 알렸나보다.

아들은 어미에게 보석상으로 가 예쁜 반지를 미국방문 기념으로 사주려 했으나 내가 반대해서 그냥 구경만 하고 나왔다. 그 대신 김 선생님 환갑 선물로 좋은 넥타이와 불고기 구워먹는 판을 사 왔다.

우리 아기는 큰 아이처럼 웃고 재롱 부린다.

3월 11일

아들과 자부는 대학으로 병원으로 가고 나는 아기와 함께 지내다. 미국 동화책을 읽어주었다. 설영이에게 답신을 써 보내다.

날씨가 오월 봄날 같아 빨래를 하고 뒷마당 빨래줄에 널다.

3월 12일

토요일 아침, 자부를 따라 동네 도서관에 가다. 나는 우리나라 도서관에 간 적이 없다. 부끄러운 모습이다. 학교도서실이 내가 아는 도서관인데 여기는 동네마다 공공 도서관이 있다. 도서관은 정보의 공간이다. 신문, 주간지, 월간지, 단행본 책들이 문학, 정치, 경제, 지리… 다양하게 분류되어 있다. 영화, 음반도 있다. 도서관은 지방정부의 돈으로 운영한다. 지방정부가 부유하면 더 많은 예산을 도서관에 쓴단다. 학교마다 물론 도서실이 있고. 그러나 여기 도서관에는 어른들도 있고, 아이들도 있다. 정말 미국을 위대하게 하는 힘은 정보, 도서관의 힘인 것을 알겠다. 책장 사이로 책상, 의자가 정돈되어 있고 조용하게 책을 읽는 아이와 어른이 있다. 도서관 한 쪽에 영화관이 있는데 거기서 마침 과학 영화를 보여주고 있었다. 참 좋은 나라다. 이 좋은 환경에서 자라는 아이들이 행복하다.

내 아들이 쓴 책이 있나 알아보았더니 있다고 한다. 영광스럽다.

김 선생 댁에 환갑선물을 드리고 오다. 그 분은 교회에서 운영하는 가게로 나를 데리고 갔다.

기부로 모은 가구나 그릇, 옷들을 싸게 팔고 있었다. 마치 차고 세일처럼. 미국은 참으로 다양한 나라, 가난한 자도 살 수 있도록 되어 있는 나라.

3월 13일

오늘 봄비에 개나리, 목련, 배꽃, 수선화 너무나 곱게 피었다. 한국 5월 정원 같다. 여기 봄이 먼저 온다. 한국의 3월은 아직 바람이 찬데. 거목의 끝에 연한 초록물감이 들고, 자주색 물감이 들고, 수양버들은 벌써 초록빛이 짙다.

석양에 김헌수 군 집을 방문, 새 아기에게 재철이 쓰던 장난감들을 전하다. 여기가 좋은 세상이다. 서로 쓰던 물건도 받고, 주고 하니. 자원의 재활용이 한국에도 필요한데, 아직 한국은 그런 개념이 도입되지 않았다. 저녁에 오민언 씨 다녀가다. 뉴욕에 밤에 전화.

3월 14일

작은 아들 모든 가구 정리하고 30일 임지로 출발. 떠나기 전 감사로 어미에게 자주 연락 못 드렸다고.

3월 15일

가회동편지. 원의 졸업사진이 들어있는 편지가 도착했다.

심천 용당리 아버님 생신에 다녀온 남편의 편지가 눈물겹다. 노환의 아버지 앞에서 불효자식은 소리 없이 울고 있었다고. 속절없이 세월은 가고, 항우장사도 나이 앞에서는 이기는 길이 없다고. 건장했던 아버님이 초라해진 모습으로 살아 계시니, 그 다음엔 남편 차례라니, 정말 세월은 속절없이 가는가.

우리 딸 졸업식 사진에 우리 가족, 그리고 동서의 얼굴도 보인다. 가족을 만나는 기쁨이 있다. 나 여기 있는 동안 종부 역활을 맡고 있으니 감사하고 감사. 내 딸들, 사위들이 반갑고, 고맙다.

3월 16일

앞집 린의 스웨터를 짜 선물로 주니 온 가족이 나와 고마움을 표현한다. 자기 몸에 잘 맞는다고, "You did a good job!"이라고 칭찬한다. 해군장교의 부인, 언제나 내게 따뜻한 이웃이었다. 내가 미국까지 와 내 여가를 선용해 스웨터를 짜 이웃들에게 선물할 수 있으니 기쁘고 장하다.

3월 17일

아기가 자는 틈을 타 조금씩 뒷곁의 밭을 이루고 씨앗을 넣고, 잡초를 뽑고 왔다. 이 일을 내가 즐기는 일이건만 밭일을 하고 나면 피곤하다. 내가 떠나면 다시 잡초들의 후원이 되겠지만 내가 그동안 마음을 주고 살아온 텃밭이다. 내가 떠난 후에도 내 이들이 취미 삼아 밭일을 하기 바란다. 책을 읽다가, 글을 쓰다가 흙으로 돌아오는 삶, 그 안에서 행복을 찾기 바란다.

옆집 할머니는 일주일에 이틀 청소부 일을 하고 온다. 일년을 채우면 연금혜택이 있다니 미국은 노후를 대책 해주는 좋은 나라이다. 20년 일하고 나면 노후 걱정을 안 하니 좋은 나라 아닌가. 그래서 이 나라가 선진국이겠지.

3월 18일

은봉수 박사댁 저녁초대를 받고 그 댁으로 갔다. 포츠마스의 의사 내외도 초대받아 좋은 저녁 시간을 갖다. 간호사 출신인 부인의 음식솜씨가 대단하고, 식탁의 정담도 좋았다. 고향 이야기는 사람들을 언제나 따뜻하게 만든다. 은박사님 댁은 아들 둘을 두고 있는데 모두 훌륭하다고. 은박사는 문제아동을 치유하는 심리학박사, 주 정부 연구소에 다닌다 한다. 집도 크고, 집안은 잘 정돈되어 보기 좋았다.

3월 19일

다시 공설영으로부터 장문의 편지 당도, 아이 하나의 엄마로 정신 없이 산다고, 남편은 마취과 레지던트란다. 아무쪼록 객지에서 평화로운 생을 누리기 바란다.

3월 20일

설영이와 장거리 전화로 음성을 듣다. 벌써 3년이란 세월이 지났다. 자기 엄마를 만난 듯 반가워하고 기뻐하는 모습이 눈에 선하다. 한번 만나고 싶지만 시카고에 가기는 너무 멀고, 설영이가 여기 오기에도 먼 거리이고. 이렇게 전화로 목소리를 듣는 것만으로 행복하다.

오는 저녁 아들의 동료교수인 최광식 박사댁에서 저녁초대가 있어 우리 가족 함께 갔다. 오민언 씨 내외, 남 교수 내외, 김 선생님 내외가 참석, 아들은 감기증세가 있지만 저녁초대를 거절하지 못하고 갔는데 입맛이 없는 듯. 아들보다 나이가 몇 살 위인 경제학과 교수와 그 부인은 얌전한 분들로 몇 번 다른 댁 모임에서 만났었다. 손님이 많아 음식 장만하느라 수고가 많았을 것이다. 아들이 별로 들지 않아 나는 미안했다.

3월 21일

작은 아들 걱정이 담긴 남편의 편지 속에는 큰 딸 해산이 임박했다는 내용과 셋째 딸 아직 발령이 안났다는 내용이 들어 있다. 딸만 낳은 큰딸이 이번엔 아들 낳기를 고대하지만, 그게 어디 사람의 일인가. 하늘의 뜻이지.

3월 22일

아들은 감기가 심해 휴강을 대학에 알리고 집에서 휴식을 취했다.
자부는 일하는 병원에 기분 나쁘게 하는 사람이 있다고. 자부 영어가 부족하다고, 못 알아듣겠다고 불평하는 미국사람도 있겠지. 세상에 어디 천사만 있다더냐. 참고 온화하게 살아가기를 빈다.

3월 26일

오늘은 정희 모녀가 한국으로 돌아가는 날, 아침부터 마음이 설레인다.

후원에 가 잡초를 뽑고, 잔디 씨를 뿌리고 자부와 씨어스(Sears) 세일을 찾아 나섰다. 자부는 신문광고를 보고 세일을 찾아간다. 아들은 재철이와 집에 있고. 여름옷들이 세일에 나와 몇 벌을 사준다. 고급이지만 세일이라 싸단다. 한국에 돌아가서 입을 옷들이다. 그리고 야외에서 고기를 구워 먹을 수 있는 화로를 사왔다. 저녁에 후원에서 그 화로 위에 스테이크를 구워 먹었다. 고기가 연해서인지 별다른 양념도 안 했는데 맛있어 많이 먹었다. 이것도 한국에 가면 추억이 되겠지. 오민언 씨 내외가 저녁을 함께 했다.

3월 27일

아침에 한번 더 잔디 씨를 뿌리다.
앞집에서 준 장미 네 그루를 정원 빈터에 심다.
작은 아들은 4일 아이보리 코스트로 떠난다고. 이제 내 마음도 담담하다.

3월 28일

박정일 군이 모친상을 당했다고 연락이 왔다. 우리 경이 피아노 교사를 하며 대학을 졸업한 정일이 어머니가 세상을 하직했다니 믿기가 어렵다. 사람들은 한 세상 살다 간다지만 인생은 너무 무상합니다. 명복을 빕니다.

셋째 딸 발령이 아직 안나 초조하게 기다리고 있다고.

3월 29일

아들은 저녁 6시 조지아주 아트란타 회의에 참석차 떠났고, 나는 아직도 정일이 어머니 죽음이 믿어지지 않는다. 아직 어린아이들이 슬하에 있으니 그런가, 아니면 그의 나이 아직 내 또래여서일까.

3월 30일

김헌수 군이 서울 가는 길에 가회동으로 몇 개 선물을 보내다.

4월 1일

작은 아들이 아프리카로 떠나면서 300달러를 보내왔다. 그 나라에는 한국음식점이 하나도 없다는데 물도 유럽에서 들여온다는데 내 새끼가 어찌 이겨낼까. 제발 건강해다오. 한푼이라도 더 가져가지. 왜 내게 그런 돈을 보냈는지. 아들 효심이 가상하다만.

4월 2일

아트란타에서 돌아오는 아들을 공항에서 마중하러 갔다가 세브란스 출신이 의사 가족과 조우, 반가웠다. 외국에서 한국인을 만나면 반가운 것은 인지상정 아닌가. 예기치 않은 조우가 더욱 반갑다.

남선우 교수댁 저녁초청으로 공항에서 바로 그 댁으로 가다. 동아일보 기자출신인 남교수는 여기 노호크 주립대학에서 언론학을 가르치고 있는데 그의 부인은 경기출신, 그래서 더 반가웠다. 고향사람을 만나도 반가운데, 동문을 만나면 더 반갑다. 가문, 문벌이 한국의 발전에 해가 된다고 남들이 말해도, 나는 이가 된다고 생각한다. 부인은 부지런하고 솜씨 있어 낡은 고물을 새 것으로 수리, 고쳐 쓴단다. 그의 가구들은 모두 그렇게 현대화된 골동품들이다. 정원을 아름답게 꾸미고 살고 있었다. 밤 12시 귀가.

4월 4일

작은 아들이 오늘 열대의 임지로 떠나는 날이다. 아이보리 코스트(Ivory Coast), '상아해안' 이라는 이름의 나라에서 1년 반 외교관의 임무를 잘 마치고 귀국하기를 하나님께 기도하고 조상님께 기도한다. 잘 다녀오너라. 종일 일이 손에 잡히지 않는다. 오후 4시, 작은 아들 전화, 나에게 잘 있으라고 부탁. 오냐, 잘 다녀오라는 말 뿐. 우리 재철이가 나를 달래주고 있다. 말 못하는 손자가 내 마음을 아는지 측은하게 쳐다보고 울지 말라고 말하는 듯하다.

4월 5일

오늘도 가슴이 무너질 듯 아프다. 그 어려운 오지의 땅에 아내도 없이 어찌 살까. 생각할수록 내 새끼가 안쓰럽고. 외교관 길을 선택한 아들이 원망스럽다. 눈물이 앞을 가린다. 두 아들이 미국에 있어서 든든했는데 작은 아들은 떠나고, 그러면 큰아들도 적적할 것이다.

독일 경순이 내외로부터 편지 당도, 큰아들이 사 보낸 박사학위논문을 구했다니 여기서 보낸 것이 낭비가 되었겠다.

아들이 퇴근길에 켄터키 치킨, 닭 튀김을 사와 먹었다.

4월 6일

모처럼 큰아들 가족과 내 58회 생일을 맞다. 아들 내외는 일찍 출근하고 나는 우리 재철이와 함께 조용히 내 생일을 지냈다. 지난해 두 사위와 세 딸들이 내 생일을 명동 음식점에서 차려주고 뮤직 홀(Music Hall)도 구경했는데, 벌써 추억이 되어 내게 돌아온다.

작은 아들은 잠자리라도 구하고 먹을 것을 구하고 있는지 궁금하다.

4월 9일

오늘은 토요일. 자부는 도서관으로 가고. 우리 세 식구는 아들 대학 연구실로 가 논문을 찾고, 김헌수 군 집에 들리다. 새 신부는 어느새 어린 아들을 데리고 들판에 가서 고사리를 따왔다고 한 소쿠리 내 놓는다. 헌수는 도장에 나가고. 저녁에 내 생일 차린다고 그들 가족을 초청하고 돌아와 후원에 나가 스테이크 굽는 준비로 석탄에 불을 피우고. 아들은 생일 케익을 주문해 찾아왔고. 헌수는 튤립 꽃과 과일을 선물로 가져와 두 가족이 내 생일을 축하해주었다. 주중에는 시간이 나지 않아 토요일 생일이 되었다.

4월 14일

미아리 작은 집에서 내 생일 축하 카드가 당도했다. 조카들이 멀리 있는 큰어머니 생일을 잊지 않고 축하해주니 고맙고 반갑다,

4월 16일

일기는 서늘하고 우리는 오랜만에 진달래 공원을 찾았다. 자부는 파마약을 사다가 내 머리칼을 짜르고 파마를 해주었다. 봄나들이 소풍이 되었다. 노호크 공항근처의 아자리아(azalea) 공원은 언제나 화사하다. 진달래도 여러 가지, 화사하다. 한국의 봄 상징이 진달래인데, 여기 꽃도 한국에서 왔다는 설도 있다. 맥아더 장군이 가져와 여기 심었다는 설도 있다.

저녁식사는 생선 전문 음식점에서 가졌다. 가재미, 새우, 감자 푸짐하게 내 놓았고, 우리들은 맛있게 먹었다.

4월 17일

김 선생님 내외분이 오라 해 우리 아들이랑 그 댁에 갔더니 나를 고사리 밭으로 인도하신다.

들녘에 고사리가 가득하다. 고사리 광장이랄까. 누가 심어놓지도 않았을 텐데. 한국인들은 서로 고사리 밭을 가르쳐 주지 않는다고. 일년 먹을 고사리를 따 말려두고도 남을 고사리 밭인데, 왜 그럴까. 김 선생님 내외가 발견한 고사리 밭에서 몇 푸대 고사리를 땄다. 저녁식사를 김 선생님 댁에서 들고, 놀다 밤9시경 귀가했다.

4월 18일

동아일보 4월 7일 신문의 날에 남편의 글이 실려 있었다. 한 평생 동아일보 독자로써 얻은 상식, 정보가 그에게는 지식이 되었다고. 귀중한 지면에 남편의 글과 사진이 게재되었으니 어찌 집안의 영광이 아니겠는가. 내 아버지가 인촌 선생이 동아일보를 시작할 때 돈을 제일 많이 냈고, 초대감사를 하셨는데 그의 사위가 그 신문에 나왔으니 고인이 지하에서 기뻐하셨으리라. 남편이 인촌 김성수 선생 문하에서 한민당 일을 한 인연도 떠오른다. 이 반가움 어찌 전할까. 아마 김광협 군이 친구의 아버지에게 청탁했겠지. 고마워라.

4월 19일

비가 안 오니 잔디씨가 말라죽었는지 소식이 없다. 수돗물을 주어도 한계가 있다. 여기 토질은 비가 안 오면 견고한 차돌 같은 찰흙, 비가 오면 진흙, 참 다루기 힘들다. 자연스럽게 비가 와 주어야 식물들은 크는데, 비가 안 오면 잔디는 죽고, 잡초만 무성하다. 야속한 비. 후원에 나가 봄 배추, 쑥갓, 시금치, 콩, 들깨, 토마토, 오이, 고추를 심어놓고, 물을 주며 비를 기다린다. 그것들이 조금씩 자라는 것을 보는 것이 즐겁다. 서울 집에도 이런 후원이 있다면 얼마나 좋으랴. 석양에 묘목 집에 가 단풍나무 세 그루 사다 앞 정원, 후원에 심었다.

서울이 궁금하다. 큰딸은 해산했는지. 작은 아들은 소식이 없으니 야속하다. 열대에서 너무 괴로우니 어미에게 편지 쓸 여유도 없는지 몰라.

4 · 19. 큰아들이 연대재학시절 학생시위에 참가해 연대에서 중앙청까지 왔다가 책가방 찾으러 연대에 돌아갔다 통행금지 시간에 걸려 밤늦게 숨어서 골목길로 걸어서 집으로 오다 안국동 파출소 경찰에 붙잡혀 문초를 받고, 늦게 돌아온 날, 이승만 정권이 무너지던 감동이 벌써 역사 속의 일이 되었다. 세월은 유수라더니.

4월 20일

오후 2시경 김 선생님 내외가 고사리 밭으로 안내했다. 부인과 나는 끝없는 고사리 밭에서 고사리를 따고, 김 선생님이 우리 재철이를 봐 주시기로 하고. 그러나 한 시간 후에 재철이가 운다고 김 선생님이 고사리 밭으로 오셔서 나는 어쩔 수 없이 집으로 돌아왔다. 그분들에게 미안했다. 내게 한정 없는 인정으로 대해주신 분들.

고대하던 원의 편지 당도. 원이는 일단 사무직으로 들어갔다가 영양사 자리가 나오면 옮기기로 하고 직장을 시작한다고. 영양사는 공무원 계급으로 한 층 높다고. 정랑은 외무부장관 수행비서관이 되었다고. 모두 잘하고 있으니 기쁘다. 그러나 큰딸의 해산에 관해서는 아무 언급이 없다. 어찌 되었는지.

4월 21일

내일이면 큰아들 생일, 내가 처음으로 아들의 생일을 함께 축하하다니 감개무량하다. 부엌에서 아들 좋아하는 오므라이스 만들다. 저녁식사를 기쁜 마음으로 들다.

4월 22일

오늘은 큰아들 생일이다. 아들이 우리나이로 36세가 된다. 아들은 집에서 하루를 보내고, 자부는 퇴근길에 아들의 제자 밥 아브람스(Bob Abrams)를 데리고 왔다. 생일 저녁을 함께 하기 위하여. 자부는 세이후웨이에 가서 스테이크 고기를 사오고, 아들과 밥은 후원에서 불을 피우고. 그래서 생일잔치가 오붓하게 준비되었고, 끝났다. 밤에는 워싱턴에서 온다는 최철규 씨를 시외 버스정류장에 가서 데려오기 위해 아들은 나갔다. 밤 11시 도착. 그는 나이가 많은 사람으로 사우스 캐롤라이나에서 공부했다는데 그때 노호크로 여름 일자리 찾아왔다가 아들을 만난 인연이란다. 아들은 인정이 많아 불쌍한 사람을 집에 데려다 집에 재워주고 먹여 주었다고 자부는 말한다. 그 사람이 워싱턴에 일자리를 얻은 모양이라고.

4월 23일

저녁에 김 선생님 내외와 최철규 씨와 함께 식사. 저녁식사 후 아들은 한인회 모임이 있어 최광식 교수 댁으로 갔다.

4월 24일

경의 편지, 큰오빠 생일 축하 카드가 왔다. 큰딸은 결국 유도분만으로 딸아이를 얻었다고. 마음대로 아들, 딸을 정할 수 있다면 얼마나 좋을까. 한국시간으로 14일 아침 10시 5분 출산. 지금은 건강하다니 다행이다. 소식 들으니 후련하다.

4월 25일

아들이 대학의 부교수 진급 심사에서 원로교수의 지지를 받지 못한 모양이다. 액센트가 있어서 좋은 교수가 못된다고 원로교수 한 분이 지적했는데 3대 2, 한 표 차로 진급이 어려워진 것. 인도출신 동료교수가 배신한 것을 알았다고. 진로를 어찌 모색해야 할지. 액센트가 있어도 대학생들의 교수평가에서 늘 10명중 1등을 했다는데, 어찌 이럴 수가 있는가. 이것이 인종차별이 될 수도 있다고.

4월 26일

하루가 지나니 아들 기분은 정상으로 돌아온 듯하다. 대학과 싸워야 할지, 떠나야 할지. 그러나 그 어느 경우에도 떠나는 쪽으로 마음을 정한 모양이다.

4월 27일

2, 3일 비가 내리더니 들녘이 초록세상이고 정원은 꽃으로 만발하다. 봄의 여왕이 5월에 온다했는데 여기는 4월 하순인가 보다. 키가 큰 나무들은 푸른 하늘을 바라보게 한다.

오늘도 작은 아들 소식이 없다.

재철이는 이제 서서 놀고 싶어한다.

4월 28일

아기 잠든 사이에 정원의 꽃밭을 늘이고, 그래서 남는 잔디를 빈터에 옮겨 심었다. 그리고 물을 뿌려주었다. 언제나 꽃밭 일을 하고 나면 기분이 좋다. 저녁엔 AMP 상점에 가서 후원에 놓을 의자들을 사 왔다. 이제 후원이 완성된 듯하다.

4월 29일

후원에서 채소를 수확해서 시금치는 삶아 국 끓여먹고, 배추는 김치로 담그고. 내가 수확한 채소를 거두어 먹으니 참으로 보람이 있다.

4월 30일

오늘 아들은 잔디를 깎았다. 나도 거들어주려 하나 기계가 무겁다. 안전 때문에 어미가 기계 만지는 것도 허락지 않는다.

저녁에 주우정 박사님 댁 초대에 갔다. 부인이 세브란스 출신 의사로 집도 크고, 잔디밭도 넓다. 저녁식사는 부르 하와이(Blue Hawaii)라는 포르네시안 음식점에서 가졌다. 부인이 바쁜 의사생활이라 저녁식사를 집에서 준비하기 힘든가보다. 훌라 춤추는 모습이 마치 하와이 같다. 여기 와서 하와이 음식도 들고, 난 행복하다. 지난해 하와이 공항에서 본 하와이가 생각난다.

5월 1일

우리 아기가 치큰 팍스(Chicken Pox)라고, 열이 높다. 아기가 할미를 떨어지지 않으려 한다. 저녁에 열이 식다.

5월 2일

어제 쓴 편지 가회동으로 보내다. 설영이가 보내준 선물 당도.

저녁 식사 후 재철이를 구루마에 태우고 우리 모자 동네를 산보하다.

5월 3일

아침부터 단비가 내려 채소밭, 잔디밭, 꽃밭이 생기를 찾다.

5월 5일

어린이 날. 우리 아가 훌륭하게 커 가문과 나라의 인물이 되기를 빈다.

세이후웨이(Safeway)에 가서 아기 먹을 것들을 사오다.

저녁에 소나기가 오고, 상치, 시금치를 후원에서 뜯어와 저녁식탁에 놓는다.

5월 7일

내일 어버이날이라고 아들은 바닷가로 차를 몬다. 재철이는 바닷가 모래밭에서 잠이 든다. 신통한 아이이다. 파도가 자장가라도 되는 듯. 바다는 언제나 거기서 우리를 마중한다. 전화를 걸고 가지 않아도 된다.

5월 8일

딸기밭에 가서 우리가 딸기를 따 무게를 재서 주인에게 딸기 값을 지불하고 나왔다. 인건비가 비싸 이렇게 딸기밭을 운영하고 있다. 우리들은 농가를 방문할 때마다 싱그러운 땅과 거기서 거두어 들이는 수확의 희열을 맛본다. 저녁에 최 박사, 이 박사 가족과 바닷가 공원에서 불고기 파티를 가졌다. 미국의 공원엔 불고기를 구워 먹을 수 있는 시설이 되어 있다. 참 부럽다. 불을 완전히 끄고 우리는 공원을 떠나 이 의사님 댁으로 가 커피와 케익을 나눴다. 의사의 집은 크고, 집안은 잘 정돈되어 있었다. 부인은 전업 가정주부로 얌전한 분이었다. 우리 아기를 이뻐해주셨다. 귀가 길에 비가 내렸고, 싸늘해졌다.

5월 9일

저녁에 바닷가 음식점에 가 외식을 하다.

5월 10일

자부가 내게 목걸이와 브로찌를 선물했다. 받기만 하는 어미가 부끄럽다.

5월 14일

김 선생님 가족과 다시 딸기밭에 가서 딸기를 따왔다.

저녁엔 미국이웃이 부루 휘시(Blue Fish)를 바다 낚시로 잡았다고 선물했다. 미국인들은 낚시를 즐기고, 잡은 생선은 한국인들만큼 요리할지 모르는 것 같다. 생선을 구워 먹다.

5월 15일

바닷가 공원에서 한인회 총회가 열려 최광식 교수 후임으로 내 아들을 다음 회장으로 선출했다. 감투에 관심이 없는 아들을 선출한 한인들이 야속하다. 그러나 아들은 선뜻 두 가지 사업을 계획하고 발표했다. 한 미 음악인들을 위한 음악회를 매년 크라이슬러 홀(Crysler Hall)에서 여는 것과 한국영화 감상을 월 1회 마련하는 것. 이왕 회장직을 맡았으면 의미 있는 일을 해야지. 음악에 재주 있는 한인들이 있으니 그들을 동원하는 것은 의미 있을 것이다. 도볼작의 아메리카를 함께 공연하는 모습을 그려본다.

5월 17일

자부 학기말 시험을 치르고 돌아왔다. 성적이 늘 A. 두뇌가 명석한 여자가 좋은 어머니 역할을 담당하기 바란다.

아들은 여름강의를 준비한다. 여기 대학은 여름방학 기간 중에 강의를 하면 따로 강사료를 받는다니 강의를 맡지 못하면 여름 봉급이 없단다. 한국 대학교수들은 여름방학에도 월급이 나오는데. 아들은 연봉을 12개월로 받으면 여름강의를 하지 않아도 된다고 설명한다. 그러나 미국교수 연봉은 9개월 가르치는 것을 토대로 정한 것 아닌가.

대학교수 연봉이 적어 여름 강의를 해야 할 것 같다.

5월 18일

오늘은 여름날씨. 화씨 90도가 넘는다. 버지니아가 남부인 것을 알겠다.

아들은 종일 타이프라이터 앞에 앉아 논문을 완성하고. 저녁에 온 가족 피자 집으로 가 이태리 음식을 들고, 아이스크림 집으로 가 후식을 들다. 여름은 여름대로 먹을 것이 있으니 괜찮다. 누가 아이스크림을 처음 만들었을까. 우리들은 냉면을 만들어 먹고, 콩국수를 만들어 먹고, 냉채를 만들어 먹었는데. 서양사람들은 아이스크림을 만들어 먹을 생각을 했으니. 귀족들을 위한 음식이었을 텐데, 어느새 대중음식이 되었다. 민주주의가 좋고, 자본주의가 좋다.

재철이가 앉아서 기는 법을 배우고 있다.

5월 19일

아들 바다 낚시에 따라가 체사픽 만으로 갔다. 바람이 너무 불어서인가 물고기들이 오지 않는다. 크로커라는 조기류의 작은 생선 몇 마리 잡아 와 구워 술안주로 들다. 아들은 포도주를 꺼내놓았다. 이런 저녁에 소주 한 잔이 더 어울릴 것 같다.

5월 20일

시아버님이 망원경을 하나 사 오라 해서 K-Mart에 가서 샀다. 우리 산에서 나무하는 도벌꾼들을 잡으려는 뜻이다, 당신은 이제 더 이상 산에 오르실 수도 없으니 망원경이 필요하시겠지. 집에 와서 보니 Made in Korea가 아닌가. 망원경을 잘 만드는 나라가 한국인지 몰랐다. 마을에서 국수봉을 망원경으로 바라보시는 아버님, 산에 오르시지 못해도 망원경으로 산을 바라보시고 지키시는 모습, 가슴 찡하다. 큰손자가 사드린 망원경, 부디 오래 사십시오.

아들은 내가 좋아하는 아이스크림 두 상자를 사 왔다. 귀국하기 전에 아이스크림 원 없이 드시라고. 효심이 가득한 아들아, 고맙다.

5월 21일

윌리암스버그 남쪽의 부쉬가든(Busch Garden)에 소풍가는 날. 입장료가 8달러. 그 안에 유럽이 있다. 유럽의 마을, 건축, 음악, 의상, 꽃이 있다. 영국을 거처, 불란서, 그 다음 독일로 갔다. 독일에 가서 맥주를 마시고, 소세지(Sausage) 점심식사를 들다. 각 나라의 민요를 노래하는 합창단이 있고, 각 나라의 민속춤을 추는 춤꾼들이 우리를 환영한다. 나라와 나라 사이에 기차가 있고, 배가 있어 작은 유럽을 여행하고 나온 기분이다. 노래와 춤, 놀이터도 인상적이다. 한국에도 이런 재미있는 가족 놀이터가 생겼으면 한다.

5월 23일

작은 아들 소식 담긴 편지가 도착했다. 시멘트 바닥에 침대 하나가 있는 집에서 산단다. 음식은 먹기 힘들다고. 왜 이리 아프리카는 먹고, 살기 어려운가. 안 들었으면 좋은 소식이지만 기다리던 소식 아닌가. 하나님, 아들을 지켜 주십시오.

5월 24일

단비가 내려 잔디밭과 후원 텃밭이 초록이다.

5월 25일

다시 워싱턴 방문, 자부의 숙부를 뵙는다. 이제 떠나는 인사를 대신해. 숙부님은 언제나 우리 가족에 친절하다. 이번 여행에서는 토요일 아침 백악관 구경, 다시 한번 백악관을 들어가 본다. 대통령 가족이 사는 백악관은 보지 못하지만 그의 집무실, 도서관, 가구, 그림, 국빈초청 연회장을 공개하고 있다. 이 안에서 미국의 정치, 세계의 정치가 움직인다. 숙부의 후대로 좋은 음식점에서 저녁식사를 하다. 언제나 부지런하시고 자상하시다.

5월 30일

재철이가 아프다. 워싱턴 여행이 힘들었나보다. 열이 높아 오늘은 소아과 의사인 주우정 박사 부인을 찾아가 아이를 보였더니 그 먼 길에 자동차 에어컨을 켜지 않고, 유리창을 열어놓아 아기 몸이 건조해져서 생긴 병이라고 진단한다. 몸에 수분이 증발하면 신열이 생긴다고. 어른들의 무지를 탓한다. 우리 아기 약을 처방 받아 오다. 열이 내리기를 기도한다.

5월 31일

이제 그동안 가깝게 지냈던 이웃들에게 떠나는 인사를 한다. 내 첫 번째 손자를 받으러 와 10개월 큰아들, 작은아들과 함께 한 세월이 고맙다. 아들의 전직이 잘되기를 바라고, 재철이 잘 크기를 바라며 나는 미국을 떠난다. 내가 함께 한 버지니아, 버지니아의 해안 도시, 아들의 집, 정원과 후원이 오래 거기가면 그리울 것이다.

그러나 내가 있어야 할 땅은 한국이 아닌가.

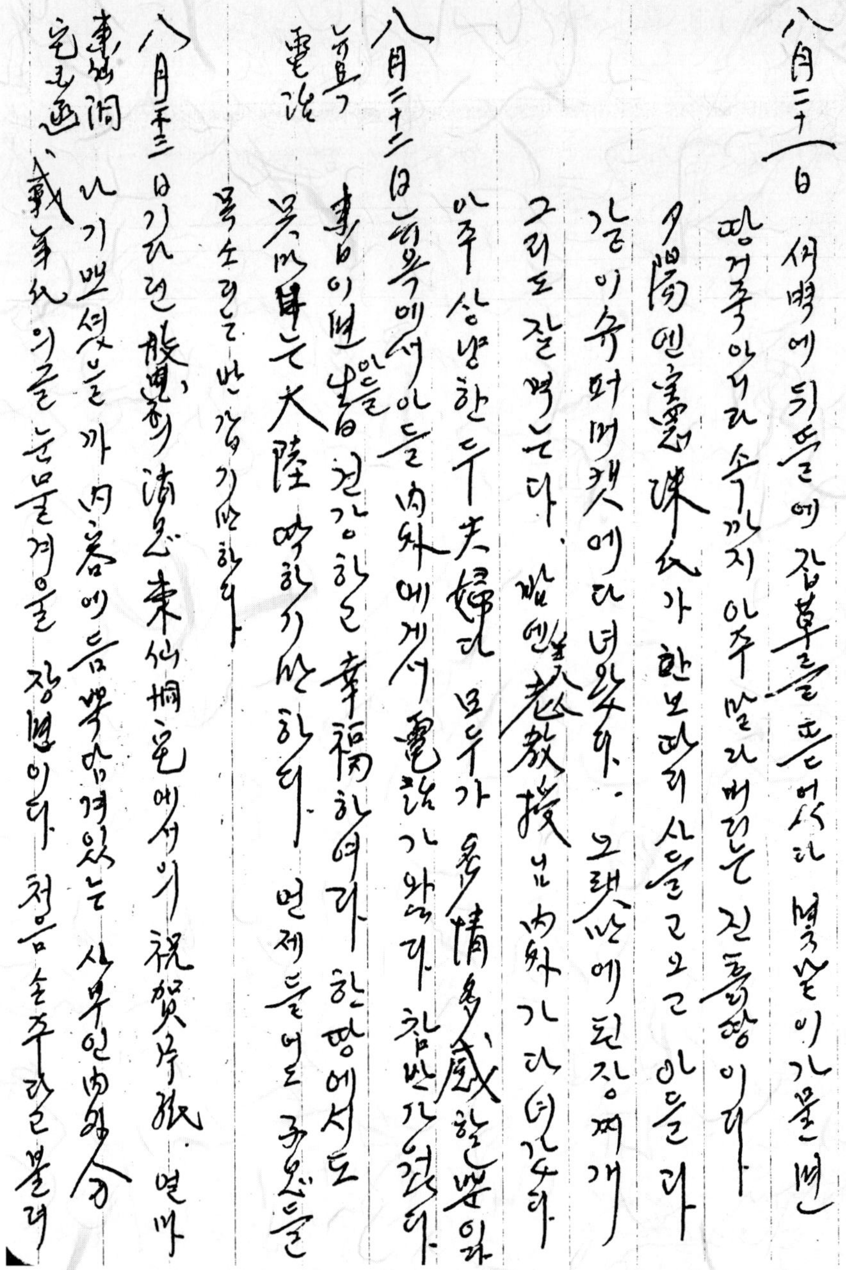

八月二十一日 새벽에 잡草를 뜯었다 볕살이 가물면
땅거죽 아니라 속까지 아주 말라 버리는 진흙땅이다
夕陽엔 金銀洙氏가 한보따리 사들고 오고 아들 다
같이 슈퍼마켓에 다녀왔다. 오랫만에 된장찌개
그래도 잘 먹는다. 밤엔 金老教授님 내외가 다녀갔다
아주 상냥한 두 夫婦다 모두가 多情多感할 뿐이다
八月二十二日 뉴욕에서 아들 내외에게서 電話가 왔다 참 반가웠다
[illegible] 건강한 幸福하여라 한 땅에서도
[illegible] 大陸 [illegible] 언제들 [illegible]
목소리는 반갑기만 하다
八月二十三日 기다린 [illegible] 宋仙桐宅에서의 祝賀[illegible]
東仙洞 [illegible] 內容에 듬뿍 담겨있는 사부인 內外分
宅으로 [illegible] 氏의 글 눈물겨울 장면이다 첫손주 [illegible]

* 어머니의 친필 일기 일부
(읽는 순서는 131쪽에서 124쪽으로 역순임)

우리아기가 배내짓으로 입을 크게 벌려 웃기 始作한다
安君은 東京연결달로 집에 와서 잘 가기로 했다.
八月二十日 오늘 처음 한 자리에 맞은 子婦生日이라 마음은 틀림없이
軍務 엄마 건강과 幸運을 빌겠지만 모든것이 미진하니 어찌하랴
生日祝賀 에미의 道理를 다 못하니 未安하다. 아침은 滿軍
히 安君과 네사람이 앉아 生日날의 祝福을 빌었고 多幸
히 親家의 載寧代에서 카드가 왔었다 반가웠다.
또한 안들의 글이 이동네 비취신문에 크게 실렸는데 어제는
博士論文이 冊으로 꾸며져와. 이두가지 膳物로 아들은
마누라의 生日 祝賀로 答한다 하였다 滿足한 얼이다.
우리아기 내외를 表情없이 들고 이쪽저쪽 돌린다 참 빠르군
듯, 참 順한 편이다. 夕陽엔 朴敎授內外가 인사오고
異域에서 안들 낳고 조리도 못하고 혼이났다고 날더러
오래 살라고 한다.

때 켄 메가 여러가지 物件 갖가지 사진을 찍는다 勿論 나는
값을 잘 모르니 안들에게 물어본다. 함유편에서
또 다른 發見. 電氣는 낮처럼 밝킬 事務室 은
있어도. 가제에 그냥 벌려둔채 제各 본다 집으로 돌아
가다 도둑이 없는 나라 좋은나라다 나는 서울에서
사기와 딸이 음음 月給 봉투를 송두리채 쓰리당한
이야기를 한 한심함을 이야기했다.

八月十九日
맑다가
온다
입재

오늘은 우리 아기가 입재 되는 날 인가보다 그 개를 불끈
불끈 들고 손 함께 누어 이리저리 뚤람뚤람 바라본다
엄쩌키우니 애리 힘이 강해서 뭘까 아니면 우리 아기가
튼튼해서일까 아무튼 건강한가보다 夕陽에는
安君. 이창서와, 韓國人 안들의 後輩를 한자리에서
이야기하고, 빨래줄은 사다 매고 모든 것이 機械처럼
되어있어 뒷결에 매어놓음도 손쉬었다

아기도 순한듯 하며 마음이 놓인다. 產母도 건강하고!.
뜻같은 하루. 이웃, 우리代 內外 訪問 多情하게 指導
親切하니 또한번 異國의 情이 感謝하여지다.

八月十七日 日曜 敎父宅에서 膳物과 카드를 보내주시다.
異國에서의 血肉의 情 새로 느껴보며 감사드린다.
네食口 잘쉬고. 아기도 잘자고 또한번 사진으로 記念
들을 더듬어보고 넘우나 선선해진 日氣 가을이 온느낌이다.

八月十八日 며칠 또 비가 안오니 잔디에게 가뭄이 온다 그러나 아들은
夕陽에 잔디를 깎고 물을준다. 날같이 손으로 주석의
물을 뜯어섰다. 日氣가 가을처럼 선선하여 긴팔을 입게
한다 子婦는 一週日도 못되었으나 產後健康한듯
인지 여러가지 맛있는 料理 새로운 料理를 해준다
저녁에는 아들과 農夫 우리따 켄으로 쇼핑을 가면
상점. 商人들은 색새 歸家하는 한마 세가우 精巧된
이남아이었었다 참외. 수박. 감자를 사고 또 판은쉬

다음은 노스캐로라이나로 向해 [illegible]까지 달리고 노코그

로해서 九時頃 집에 돌아오다. 何如間 울담라 道路

까운 모두가 無事하게 자리잡고 한몫 한게 보이는 듯

感歎해 마지않는ㅡ. 집에오니 어른이 행내거 글

써주다 처음 써어보는 오려 친필로 價値가 있었다.

寶珠 돌아가다. 夫人이오면 보답 하실게 [illegible]

八月十六日 木曜日이다. 저녁이면 뿌리는 비에 잔디가 따뜻하게

東仙洞 자랑수가 있겠다 병원에가 우리아기 一時以後에 데려온 보다

은연이

께서 日氣가 선을하여 우리집에 오기 편했다. 처음 집으로

편지 풀어오니 美味深장 子婦로 집이 더 좋다 한다.

오다. 서늘한 空氣좋은 얼마나 기분이 좋으냐.

夕陽인데로 波濤는 치고 또는 사람이 많았다.
海岸線 道路 一方線을 달려 가부르를 돌고 달리니
公園이 있고 最端北쪽에 자리잡고 있는 密林地帶
그 안에는 늪地帶가 많았다. 生前처음보는 무시무시
하게도 울창한 숲속에 늪지대 빽빽하게 하늘을
찌를듯한 나무가지에 무슨풀이 많이도 걸쳐져 자라는 늪
지대 獨特한 풀이 그려로 늪지대 다운 風景을 이루고 있고
한편 음산한 기분이 들곤 있었다 案內書를 살피고 구석
을 다녀왔는데 해는 저물고 무서워 빨리 구경하던 돌아 나섰다
海岸線을 돌아 또다시 바라보니 멀리 飛行機內에서
바라보았던 다리 참으로 異色이었던 世界에서 最長
距離의 다리 바다속에 六十里 거리라 한다. 또한 절반
地境에선 바다속을 깊이 들어가 있다 한다 참으로 絶景,
이라 볼수없다 뉴욕으로 通하는 다리라 한다.

完治될것인가?

八月十四日 아침을 簡單히 먹고 병원에 갔다 병원에서 아이가 황달기가 있다하며 治療를 하면 낫는다 한다 뉴욕. 叔父에게서 祝카-드가 왔다

八月十五日 解放날 교포들도 모여 식을 갖고 運動競技도 갖는 모임이 있다한다 우리는 아기가 집으로 돌아오는 날이라는 연락 왔으나 治療한다 하여 退院이 되지 않는다 아들 韓氏 商店에 갔으나 [illegible]人이 눈이 띄어지 않아 콩나물. 국간장 떡쌀을 샀지고 돌아와 콩나물국에 점심을 먹들에게 주었다 오랫만에 한식 콩나물국을 잘들 먹었다. 四時頃 憲洙氏來訪 五時半頃 비-치에 나갔다 太平洋 끝없는 水平線을 바라보고 韓人 한 家族을 만났다 多少 뜻깊었다

결국 엄마가 젖을 줄 때여 九시에 엄마가 젖을 주는
것을 보고 나왔다 나는 續食을 예기하려는.
十時頃 집에 到着. 아들은 자꾸 疲곤하다 한다
밤참은 미역국을 맛있게 먹었는데 전화 한번 하라

선물 便紙 갔오다

八月十三日

아빠지에게서 날아온 便紙 우리 孫이가 아빠지 偏食
을 잘 한다는 말 食口들이 더 仔細히 알는 듯 安心
子婦가 집에 없으니 그런가 한다. 하루 終日 册과 신문으로
消日 하는 今年에 그후에 若子 몸이 좋지 않다니 明
서 病院에 미역국을 가지고 갔다. 나는 夕陽서 날
밭 잡을 利用 되겠 밭에 묵은 풀을 좀 뽑았다
억새에 박힌 뿌리가 뽑기 힘들었다 밭에는 아들이
가꾸어 놓은 깨 카베쓰 참외 고추 오이가 있었다
아기가 젖이 돌아 잘 먹고 잘 잔다고 아무 걱정 말고
잘 먹고 놀아야 잘 큰다 아들의 편도선은 언제

2부

아들의 사모곡

1. 어머니께 드리는 편지(2000년 8월)

어머니.

어머니 품을 떠나 서울로 떠나던 어린 중학생은 대전역에서 울고 있었지요.

기차가 서울에 도착할 때까지 울고 있었던 때가 엊그제 같은데 저는 50대 후반의 나이에 도달했고 어머니는 80을 넘으셨습니다. 세월은 무심하게 흘러가 버렸습니다. 그리고 흘러가고 있습니다.

아파트에 어머니를 두고 직장으로 떠나면서 어머니의 평안한 하루를 빕니다. 하루하루 노년의 서글픔을 느끼고 계시는 어머니에게 저는 조그만 위안도 되지 못하고 있으니 안타까울 뿐이지요. 저녁에 돌아와 직장에서 일어난 하루 이야기를 들으시며 웃고 계시는 어머니.

"애야, 내 다리를 밟아다오" 하시면 왜 그런지 눈물이 솟습니다.

일생을 아이들의 성장, 성공을 기도하시며 살아온 어머니. 이제 그 아이들은 커서 장가를 갔고, 시집을 갔고, 자기들의 둥지를 만들어 밖에 삽니다. 어머니는 이제 그 아이들을 옆에 두고자 하시는데 우리는 멀리 떠나 있습니다.

30년 가까이 외국에 살고 있었던 이 아들이 불효不孝를 씻기 위해, 아주 조금이라도 씻기 위해, 어머니 곁으로 돌아왔지만 아침, 저녁으로만 어머니 곁에 있으니 저 자신 쓸쓸합니다. 어머니는 늘 우리 곁에서 우리를 보살펴 주셨는데 우리는 당신 곁을 떠나서 살고 있으니 얼마나 쓸쓸하세요. 그러나 인생은 그렇게 쓸쓸한 거라고, 인생은 물 흐르듯 이렇게 흘러가는 거라고 조용히 달관의 모습을 보이는 어머니 앞에 속으로 죄송할 뿐입니다.

"손자, 손녀가 이렇게 컸으니" 하는 말씀 속에는 어머니가 이렇게 늙으셨다는 뜻이 들어 있지요. 봄이 오면 겨울도 오지요. 모두 떠나 보낸 겨울 산 속 같은 아파트에서 하루를 아들을 기다리며 책을 읽고 계시는 어머니. 이제 눈이 침침해 오래 책을 읽기 어렵다고 말씀하시는 어머니에게 그래도 그 책들이 위안이 되어 고맙고 다행으로 여기고 있습니다.

외할머니의 무남독녀로 태어나 외할아버지의 신여성 첩의 집에서 식모처럼 일하며 학교를 다녔던 시절을 회상하시는 어머니. 어머니가 어머니를 잃었을 때의 아픔, 남편을 갑자기 잃었을 때의 아픔을 딛고, 어머니가 살고 있었던 이유는 우리들이었지요. 그러나 우리들은 어머니 곁에서 멀리 떨어져 있습니다. 어머니, 용서하십시오.

그러나 우리들은 표현할 수 없는 감사함을 느끼고 살고 있습니다. 다섯 아이들의 어머니는, 다섯 아이들 가정교사로, 학교의 자원봉사자로 일관하셨고, 외손녀학교의 자모회장까지 맡으셨었지요. 끝없는 어머니의 열정은 아이들의 지적인 성장에 큰 영향을 미쳤고, 그래서 다섯 아이들 모두 어머니에게 감사하며 살고 있어요.

아들 하나는 외교관으로 인생의 반을 외국에서 보내고, 딸 하나는 외교관의 아내가 되어 외국에서 살고 있어도 그들의 어머니에 대한 그리움은, 어머니 곁에 있는 저보다 훨씬 큽니다.

어머니는 우리들의 고향입니다. 한없이 방랑하다 돌아가는 탕아에게도 어머니는 따스한 햇살입니다. 어머니는 시와 예술, 인생의 모체가 됩니다.

어머니의 편지는 몇 만리 밖에 살고 있는 아이들에게 힘을 줍니다. 중학생 때 서울의 하숙집에서 읽었던 편지, 유학 시절 외국에서 읽고 읽었던 편지, 그리고 교수가 된 이후에도 어머니의 글들은 저에게 언제나 위안이었고, 행복을 만들어 주었습니다.

동녘을 향해 정한수 떠놓고 매일 새벽 기도해온 어머니. 비단 내 어머니뿐만 아니라 미국이나 이역에 아들, 딸을 보낸 모든 어머니가 하루도 마음 조이지 않고 지낸 날이 없었을 것입니다.

어머니의 그 기도가 우리들을 건강하게 지켜주셨고, 그리고 조그만 생의 결실들을 맺게 해 주셨습니다. 모든 어머니들의 그 기도가 한국을 유지해 준 힘이 아니겠습니까. 주몽의 어머니에서부터 신사임당, 우리들의 어머니까지 어머니들의 기도가 이 나라를 지켜주었고, 지나간 30년 이 나라의 경제적 발전을 가져다 준 원동력이라고 생각합니다. 아이들의 성장을 위해 맛있는 음식을 드시지 않았고, 헌 옷을 입고 계셨고, 우리들 성장의 아픔을 자신의 아픔으로 치유하고 계셨습니다.

어머니의 삶은 늘 이렇게 희생이었습니다.

아픔과 기쁨을 나눌 수 있는 분. 폭풍우를 이기는 따스한 햇살 같은 어머니. 어머니 앞의 저는 아직도 작은 새끼임에 틀림없습니다.

한국의 어머니는 훌륭하다는 평을 외국인도 말하고 있습니다. 버지니아 남부의 바닷가 도시 노호크(Norfolk) 심포니의 지휘자로 오래 있었던 음악인이 아시아를 여행하고 나서 어느 나라가 가장 인상적이었냐는 칼럼니스트의 질문에 "음악으로야 한국이지요"라는 대답을 했어요. 그는 한국인의 천성이 음악적이라고 규정했어요.

그 천성보다 더 중요한 것은 한국의 어머니라고 그랬어요.

그는 농담 섞인 말로 한국의 어머니를 조심하라고 했어요.

그 예로 그가 한국을 떠나기 한시간 전에 낯모르는 한국학생의 전화가 와 꼭 자기를 만나겠다는 걸 여러 번 거절했으나, 단 5분만이라도 그의 바이올린 연주를 보고 가라는 말에 어쩔 수 없이 허락했는데, 얼마 후 그 어린 학생이 어머니와 함께 자기 호텔 방에 들어섰다는 이야기, 미국의 음악가는 한국학생의 기량이 훌륭해 감탄했고 미국 유학을 주선했다고 말했습니다.

그 어린아이 뒤에는 어머니가 있어요. 한국의 어머니가 훌륭한 한국의 음악인을 만들어 내고 있어요. 우리 경이도 어머니의 지극한 정성으로 피아니스트가 되었다고 생각합니다. 가난 때문에 비싼 레슨 비를 내지 못해 어머니가 부엌에서 밥 짓다가 행주치마에 손을 씻으며 올라오셔서 누이의 피아노 레슨을 맡아주셨을 땐 자랑스러웠고 눈물겨웠지요.

나이 들수록 추억을 만드시고, 그 추억을 우물물 길어 올리듯 올리시는 어머니. 인생은 아름다운 꿈 같다고 말씀하시는 어머니 옆에서 저는 서글퍼집니다. 호강 한 번 시켜드리지 못하고 팔순을 지나셨으니 아들 된 도리를 다 못한 죄책감 때문입니다.

완전주의자셨던 아버지는 늘 저에게 두려움이었습니다. 너무나 불완전한 아들이었기 때문에. 그러나 어머니는 늘 아들과 딸들에게 격려와 위안이었습니다. 늘 인간의 삶은 불완전해서 완전하려고 노력하는 과정이라고 달래주셨지요. 인생은 언덕 위로 큰돌을 올리려는 시지프스 신화 같아요. 이 나이에 와서야 어머니가 들려주시던 그 따뜻한 말씀을 제대로 이해할 수 있습니다. 아버지와 어머니는 차가움과 따뜻함의 대칭이었습니다. 이성과 감성의 균형을 한국의 부모들은 갖고 있는 것 아닌가 몰라요.

어머니! 한없이 부드럽고 따뜻했던 어머니가 강인한 무쇠같이 느껴졌던 때가 있었어요. 그 때가 언제인가 아시는지요. 한국 동란 때 아버지는 숨어 다니시고 선생님을 하셨던 어머니께서는 호박과 오이를 장안에 내다 파신 적이 있지요.

미아리로 피난해 살고 있었을 때 저는 초등학교 3학년이었지요. 중앙청에서 일하시다 인민군 치하에서 도망 다니시던 아버지 때문에, 우리는 후암동 관사를 버리고 미아리로 피난 나왔었지요.

어머니는 그때 집 근처의 호박, 오이를 사다가 장안에 가셔서 소매로 팔고 돌아오시곤 했어요. 저는 어머니를 마중하러 미아리 언덕, 부서진 탱크 옆에서 한 여름밤의 별을 헤며 기다리고 있었지요. 어머니는 말씀이 없었지만 아버지가 어디 안전한 곳에 숨어 있음을 눈으로 알려 주셨지요. 집으로 돌아오는 길에 북두칠성을 가르쳐 주셨던 어머니. 그때 저는 어리지만 어머니 옆에서 어머니가 견고한 한 그루 나무라고 생각하고 있었습니다.

어머니! 세월은 속절없이 가고 어머니는 할머니가 되어 아파트에서 아들을 기다리고 계십니다. 살아있다는 사실이 참으로 아름다워요. 우리가 이 지상地上에서 숨쉬고 있는 시간을 감사하며 살아야지요. 한 세대가 가고, 다음 세대가 오고, 그렇게 인류의 문명은 이어지겠지요.

생명은 죽어서 새롭게 태어난다고 보아요. 기다리면서, 그리워하면서 새로운 생명은 잉태되고, 다시 잉태되는 것이라고 생각되어요.

어머니, 그러나 죄송한 마음뿐이에요. 책을 읽다가 잠에 빠지는 어머니를 보면서 30년 가까운 세월 외국에서 살다가 돌아온 아들의 비애를 느껴요. 그러나 지금 이렇게 가까이 어머니 옆에 숨쉬고 있음을 축복으로 알고 살고 있어요.

어머니!

오래 오래 건강하게 사세요.

2. 어머니가 부르시던 가곡 <선구자>(2004년 2월)

나를 낳아주시고 길러주시고, 오늘까지 아들의 영광을 위해 희생하고 기도하신 어머니가 이 세상의 마지막 삶을 병실에서 보내고 계신다.

어머니와의 이별은 모든 아들 딸들에게 약속된 가장 서글픈 것 아니겠는가. 그러나 나도 숨이 막힌다. 이별은 슬픔이지만 어머니와의 이별은 모든 사람들에게 가장 큰 슬픔이 아니겠는가. 눈물이 맺힌다. 어머니의 노후老後를 보살피기 위해 미국국적도 버리고 돌아온 아들이지만 불효不孝는 너무 컸고, 어머니가 내게 주신 사랑에 이 아들은 몇 만 분의 일이라도 갚을 수 있는 것인지 나는 아직도 모른다.

어머니.

언제 어디서 불러도 다정한 이름, 서러울 때나 기쁠 때 함께 아픔과 기쁨을 나눌 수 있는 분. 폭풍우를 이기는 따스한 햇살 같은 어머니. 어머니 앞의 나는 작은 새끼임에 틀림없다. 어머니의 기도가 아니었더라면 내가 이 대륙에 건너와 지금까지 건강하게 지냈을지 의문이고, 지금의 이 작은 결실들을 얻었으리라고 생각지 않는다.

훌륭한 사람에게는 훌륭한 어머니가 있다고 한다. 나는 훌륭한 사람과 거리가 멀지만 내 어머니는 훌륭한 분이라고 믿는다. 한국의 어머니들은 가난 속에서 집 팔아 땅 팔아 아들의 학비를 보내고, 자기를 희생한다. 한국의 부富는 지금 무엇보다도 높은 교육 수준에 있다. 이 높은 교육수준을 어머니의 지성至誠이라고 한다면 무리가 있을까. 이제 그 높은 교육을 활용할 사회적, 경제적 조건이 마련되는 것 같다.

여름방학을 대전에서 보내고 서울로 떠날 때 나는 중학생이면서도 한없이 울고 있었다. 그렇게 기차 안에서 울고 있는 나를 발견한 은사 한 분이

(지금은 서강대학에서 명망이 높은 국문학자시다) 첫 국어 시간에 누구에게든 편지를 쓰라고 했다.

나는 어머니에게 편지를 썼다.

그렇게 어머니에게 편지를 쓰고 있던 나는 끝없는 어린 아이. 어머니에게로 끝없는 영원의 글을 쓴다. 아울러, 어머니의 글을 대할 때마다 눈물이 솟는 이 감정을 어떻게 표현할까.

어머니는 영원한 고향이다. 어머니는 따스한 햇살이다. 연인이 된다. 그렇게 쓴 편지는 내 시의 모체가 되었다.

어머니의 글은 힘을 준다. 나는 그때 서울의 하숙집에서처럼 어머니의 글을 읽고, 또 한국 어머니의 위대함을 이곳 신문에서 읽을 때, 나는 한국인의 아들인 걸 자랑으로 생각한다.

한국을 떠나 유학 길에 오르기 위해 그 은사님에게 인사를 전했을 때, 그 은사님은 중학시절에 열차 안에서 울고 있던 나를 본 것을 처음으로 말해주셨다.

그런 네가 어떻게 어머니를 떠나겠느냐고 물으셨다.

이제 이역생활 십 년에 접어든다. 스파르타식의 아버지와 아테네식의 어머니를 갖은 나는 행복한 어린아이가 된다.

어머니에게 음악은 꿈이었다.

식민지시대 경기여고를 마치고 일본에 가서 음악공부를 하고 싶어했던 어머니는 둘째 딸 경이를 서울대학교 음악대학으로 보냈을 때, 지극한 행복감에 빠졌었다.

그 딸이 시집가 영국에서 피아노를 더 공부했을 때에도 어머니는 참으로 행복해 하셨다.

둘째 딸은 어머니의 분신이었다.

그 딸이 시집갔을 때 반듯한 화장품 하나 사 주지 못한 경제적 가난을 부끄럽게 생각하고 계셨다. 그 이야기를 서러운 듯 하실 때마다 어머니는 〈선구자〉라는 노래를 부르셨다. 〈선구자〉와 가난은 어떤 관계에 있었을까.

나는 차마 묻지 못했다.

경이가 시집가기 전 어느 모임에서 그 노래를 불렀다는 것이다.

〈아, 그랬었구나.〉

어머니는 노랫말이 좋은 가곡을 좋아하셨다. 전라도 고창, 만석꾼 집안의 딸로 태어나 사랑채에서 나오는 판소리에 젖어서 〈춘향가〉, 〈심청가〉도 따라 하셨지만, 어머니의 노래는 〈봄이 오면〉, 〈봄처녀〉, 〈목련화〉, 〈산유화〉, 〈진달래꽃〉, 〈한송이 백합화〉였다.

내가 1967년 미국 유학 가기 전에 듣던 어머니의 노래 속에는〈선구자〉는 없었다. 물론 그때 내 누이동생은 이화여고 신입생이었다.

후기에 어머니는 딸을 시집 보냈고, 딸은 음악대학에 다닐 무렵 어머니에게 새로운 노래를 선사한 것이다. 내가 반체제적 성향 때문에 내 나라에 돌아오지 못한 채 미국에 살고 있을 때 〈선구자〉는 동지들과의 노래이기도 했다.

그래서 어머니가 미국에 오셨을 때 함께 그 노래를 부를 수 있었다. 〈선구자〉는 슬픈 노래이지만 역사적 뜻을 깊이 담고 있는 노래다.

고구려의 말 달리던 병사들도 보이고, 조국을 찾겠노라 맹세하던 망명객도 보이는 그 노래는 그냥 부를 수 있는 노래는 아니다.

해란강, 용문교, 비암산의 모습을 상상으로나 그려보지만 만주 벌판으로 떠오른다. 어머니와 함께 부르던 시절은 다시는 돌아올 수 없게 되었다.

어머니는 병상에서 아무 말씀이 없다. 희 · 노 · 애 · 락의 표현이 없다. 다만 눈빛으로 살아있음을 확인한다.

어머니가 알아듣든 말든 어머니의 병상 옆에서 나는 〈선구자〉라는 어머니의 노래를 부른다. 어머니는 내 손을 잡고 놓지 않는다.

어머니!

가난한 살림 속에서 다섯 아이들을 키우신 어머니에게 〈선구자〉는 어머니의 후기 노래가 되었습니다.

3. 어머니를 떠나 보내며(2004년 5월)

어머니는 아직 냉기가 사라지지 않은 3월 첫 일요일 아침 이 세상을 떠나셨다.

어머니를 땅에 묻었어도 아직도 병원에 누워 계신다고 착각하고 있다.

지난해 11월 10일부터 입원생활을 하셨지만 고통스러운 하루 하루였고, 숨을 거두셨을 때는 오히려 평화스러운 모습이었다. 아직 체온이 남아 있는 어머니를 포옹할 수 있었던 마지막 순간이 영원히 떠나질 않을 것이다.

내 어머니는 3 · 1 운동이 일어났던 1919년 3월에 전라북도 고창에서 거창 신씨 외조부와 수원 백씨 외조모 사이에 태어나 서울에서 초등학교, 중 · 고등학교를 보내고 고향에서 교사생활을 하다 충청북도 영동출신의 내 아버지와 결혼, 슬하에 5남매를 두셨다. 우리 시대의 어머니가 다 그랬듯이 내 어머니의 삶은 아이들에 대한 사랑과 희생이었다.

다섯 아이들의 가정교사였던 어머니, 둘째 누이동생의 '피아노 선생님' 이시기도 했던 어머니, 어머니는 30년 나의 외국생활 동안 매일 한 대접 깨끗한 물 떠놓고 아들이 건강과 꿈을 이루도록 기도해 주셨다. 그 긴 외국생활 동안 내가 매일 기다린 편지는 어머니로부터 온 편지였고, 그 편지 속 어머니의 사랑이 나를 지탱해 준 힘이 되었다.

'너를 태운 비행기가 구름 밖으로 날아간 후에도 나는 오랫동안 송영대에 서 있었다' 는 어머니의 첫 번째 편지는 내가 살아있는 동안 나를 지탱해준 힘이었다.

1982년 아버지가 세상을 떠나셨고, 나는 홀로 계신 어머니를 여름마다 찾아왔다. 1996년 서울시립대로 올 수 있었던 것도 어머니의 기도였다고 생각한다. 50대 중반에 한국의 대학교수직을 얻을 수 있다는 것이 역사적인 기록이 될 것이라고 내 초등학교 친구는 지금도 농담한다. 정말 기적이라고 생각하고 있다. 아니 믿고 있다.

어머니와 함께 7년여를 보냈으니 나는 행운아일까?

어머니의 사랑에 만 분의 일도 갚지 못했지만 마지막 7년이 내게는 참으로 귀중한 세월이 되었다.

4일장으로 어머니 장례가 결정되었고 친지, 동료, 제자들이 어머니를 잃은 나와 동생들을 찾아 주었다. 입관의식이 있었고, 발인의식이 있을 때마다 우리들의 눈에는 눈물이 고였고, 친척, 친지, 교회 목사와 교인들이 충북 영동 장지까지 동행해 주셨고, 거기서 마지막 하관의식이 있었다.

어머니의 관이 땅에 묻히고, 흙을 덮을 때 다시 한번 통곡하는 누이들을 위로하는 기독교 의식에서 우리들은 하늘나라에 대한 새로운 희망을 보았다. 다시 태어나고 싶은 우리들의 꿈, 하늘나라에서 어머니를 다시 뵈옵는 희망을 보았다. 다시 태어나도 어머니의 아들이고 싶은 아들의 마음을 어머니는 아실 것 같다.

우리들은 사랑과 눈물이 많으셨던 어머니의 뜻을 받들어 화목하게 살다가 언젠가 어머니를 만나는 희망을 갖고 있다.

이 나라 문화 속에는 가시는 님을 떠나 보내는 의식이 유교, 불교, 기독교식으로 다양하지만 농경사회의 전통이 강하게 남아 있다. 상주는 빈소를 지켜야 하고, 향은 중단 없이 타야 한다.

마을 상여꾼들이 천천히 움직이는, 그래서 하관을 늦추는 발걸음에서 나는 한국인들의 아름다운 모습을 보았다. 떠나 보내고 싶지 않은, 살아 남은 자의 예의. 떠나 보내는 이들의 서러움을 보았다. 그들 중엔 미국에서 태어나고 자란 딸아이가 아빠의 슬픔을 위로하듯이 묵묵히 할머니의 상여를 밀며 따르고 있었다.

이제 아버지 옆에 누워 계시는 어머니!

금강이 바라보이고, 경부선 기차가 가끔 보이는 산 중턱에서 그들은 여전히 다섯 아이들과 손자, 손녀를 오순도순 이야기하고 계시리라. 별들이 보이는 밤에는 함께 큰아들이 쓴 시편들을 읽으시며 숲길을 걸어나가시리라.

죽음 앞에서 사람들은 영생과 부활의 종교를 갖게 되고 불멸의 문학을 만들어냈다. 어머니의 죽음 앞에서 나는 영생과 부활의 꿈을 꾸게 되었고, 불멸의 문학작품을 쓸 결의를 하게 되었다.

살아있는 자들은 아무 일도 일어나지 않았다는 듯 다시 일상의 생활로 돌아간다. 이 모순을 어찌 해야할까?

그 모순을 문학文學이 답해야 하지 않을까?

귀향

연홍然鴻이 마침내 고향포구에 닿아
수부水夫의 마지막 바다에서
그리던 육지에 올랐을 때
아무도 그를 친구라 부르지 않는
읍내의 인파를 지나고 있었지
집 앞의 언덕은 높았고
그 언덕으로
아련한 산딸기의 향기가
태평양太平洋 항해航海의 바람보다
더 고와,
그러나 젖는 심상心象의 흔들림

뜨락에 들어섰을 때
베틀 위에 계시는 어머니
이제 파도에 부서지는 햇살같이
부서져오는 기억들
당신은 이제 초로初老를 지나셨지만
아직도 실을 따시며 조용히 노래를 부르시는,
그 노래는 싸이어린*의 마적魔笛보다
더 사랑스러운,

폭풍우 이튿날의 햇볕보다 더 따사로왔다
젖는 눈빛으로 내려다보시는 어머니
세계世界의 여로旅路에 여윈 아들을
아무 말 없이 지켜보실 뿐,

뜨락의 라일락이 그의 귀향歸鄕을
축하祝賀하고 있었다

* Siren: 아름다운 노래로 바다를 지나는 뱃사람들을 유혹하여 파산시켰다는 바다의 요정.

어머니와 비둘기

어머니가 여학교 때 수놓았던 비둘기는
내가 사물을 바라보기 시작할 때부터
내 옆에서 모이를 쪼고 있었습니다
전쟁이 모든 것을 파괴하고 갔어도
그 비둘기들은 살아남아
어린 시절 옆에서 평화를 쪼고 있었습니다

어머니가 아들에게 건네준 비둘기, 그 비둘기는
태평양을 날아와
대서양 연안의 도시에서 어머니의 사랑을 쪼고
있습니다

어머니는 고희古稀를 넘으시고
아들은 흰 머리칼을 감출 수 없지만
비둘기는 아주 평화스러웠던
유년의 아들과 어머니의 시대 그대로 남아
날고 있습니다

어머니의 손을 떠나온 따스한 체온으로
내 곁에 날아와
아들의 평화를 기구祈求하고 있습니다
어머니, 나의 어머니
비둘기, 나의 비둘기

시의 정수精髓

어머니는
병실에서
임종을
기다리고
있고

나는
빈집에서
수면제를
먹고
잠을
청한다
이
비애가
시詩가
아니겠는가

아니
시의
정수精髓가
아니겠는가

어머니 2

제가 의사이고 싶었던 때가 있었습니다
어머니가 고통스러워했던
마지막
몇 년
저는 어머니의 주치의가 되고 싶었습니다
그러나 저는 주치의가 되기는커녕
어머니의 고통을 외면한 채
어머니가 잠들기를 기다리고 있었습니다

어머니 3
- 불효不孝

어머니는 나이가라 폭포를 가 보기시기를 원했고
케네디 센터 음악회에 가보시기를 바랬는데
아들은 다음기회로 미루다 영원히 놓쳐 버렸습니다
용서하시옵소서
제가 조그맣게라도 효도할 수 있었는데

어머니 4

– 삼대三代

외할머니의 혈육은 오직
딸 하나

그 딸은
아버지의 첩의 집에 가서
식모살이 하며
학교를 다녔고
졸업 후
외할머니가 사는 마을 학교로 내려와
선생님을 하시다가
결혼했고
나를 낳았다

딸이
아들을 낳았다는 소식을 듣고
한 밤 중에
40리 신작로 길을
따라 오시면서

"내 딸이 아들을 낳았다네"
"아들을 낳았다네"
소리소리 치셨다고 한다
외할머니는
선운사가 보이는 야산에

묻히셨고
나의 어머니는
금강이 보이는
시집 산에 묻히셨는데

나는
외할머니 옆에
화장한 재 한 줌으로 뿌려지고 싶다

어머니 5

– 소리쟁이 풀 씨를 훑어 뿌리며

1967년 6월 비행기 높이 떠오르는
김포공항 송영대에서
아들을 외국으로 유학 보내며
한없이 울고 계셨던 나의 어머니

새벽달이 뜰 때마다 장독대에서
매일 깨끗한 물 한 대접 떠놓고
아들의 건강과 꿈을 위해 기도하셨던
나의 어머니

저는 매일 어머니의 편지를 기다리고 살았습니다
위에서 아래로 써 내려간 편지,
좌에서 우로 써 내려간 편지,
그 항공우편이 저를 지켜 주었습니다
어머니의 기도가 몇 만리 밖에 사는
아들을 지켜주었습니다

홀로 계신 어머니의 여생을 위해
미국에 아내와 아들, 딸을 두고 귀국했습니다

7년 동안 어머니와 함께 한 세월이 행복했었습니다
어머니가 운명하실 때
아직 체온이 남은 어머니를 포옹할 수 있었던
마지막 순간이 영원히 떠나질 않습니다
어머니의 언 몸을 석관石棺에 넣고

고향으로 운반해 하관下棺하던 시간
우리들은 모두 통곡했습니다
학교 선생님이셨던 어머니께선
6 · 25 전쟁 중에 호박밭에서
호박을 따서 머리에 이고 시내에 가서 팔고
밤에 돌아오셨지요
그 때는 돈암동 전차 종점까지 전차를 타고 오셨고,
미아리 고개를 걸어서 넘어 오셨지요 그 때 미아리 언덕엔
폭격을 맞아 부서진 전차가 하나 놓여 있었어요
9살의 저는 그 전차 위에서 매일 밤 별을 바라보며
어머니를 기다리고 있었어요
어머니의 모습은 칠흑 같은 밤에도 알아볼 수 있었습니다
어머니, 깨어진 전차 옆에서 소리쟁이 풀씨를 훑어 뿌리며
당신을 기다리던 이 아들을 기억하십니까

당신은 간절하게 평생
성공해서 돌아올 아들을 기다리고 사셨습니다

이제 노을 하늘 곱게 물들이는 산 중턱에서
어머니는 금강을 바라보시며 아버지 곁에서
다섯 아이들과 손자 · 손녀를 오순도순 이야기하며 계시리라
별이 금강에 성호를 그으며 지나갈 것 같은 밤
두 분이 함께
큰아들이 쓴 시편들을 읽으시고 계실까
부모님 묘소에
가을에 핀 보랏빛 제비꽃
가끔 바람이 불면
서울행 기차 쪽으로 머리를 든다

어머니 6

어머니의 사망진단서를 동사무소에 제출하고
어머니의 통장을 은행에 제출하고
아파트 관리비, 상, 하수도, 가스, 전화비
자동납부를
저의 이름으로 옮겨 놓았습니다

어머니와 함께 산책하던 길 위에
철쭉은 피어나 지고,
이제 장미가 피고 있습니다

어머니
묘지 옆에 심어 놓은
꽃나무를 찾아
나비가
그 깊은 산 속까지 날아왔습니다

살아 계신 하나님처럼
어머니도 제 안에 살아 계십니다

어머니 7
- 어머니의 가계부

1999년 1월 30일로 끝나는 가계부
삐뚤삐뚤 글씨는 이미 균형을 잃었고
힘이 없다
가난한 가계부 안에는
쓰다만 편지가 하나 끼어 있다
어머니가 팔순을 맞이하던 해
나에게 평생 감동을 주던 아름다운 글씨의
편지는 멈췄다

정월 초하루 손자 · 손녀에게
몇 만원 세뱃돈을 주시던
어머니는

이튿날
거리에서
붕어빵 천 원어치를
아깝게 사고 계셨다

어머니 8
- 숨소리

이 세상에서 가장 아름다운
숨소리
심장이 불규칙으로 뛰는 어머니가
내게 준 가장 아름다운 위안은
한 밤 가느다란 숨소리입니다
어머니의 방
문에
내 귀를 대이고
듣는
숨소리,

이 세상에서 가장 아름다운 소리를
아시나요

보리싹

차가움의 아름다움
얼음 위에서 춤추는 여자는
더 깨끗해 보인다
칼날이 부딪치는 소리의
깨끗함

얼음 속에 죽어 있는 듯 보이는
새싹들은
아직 살아 있다
얼음 속에 살고 있는 에스키모
알프스 산정에 누워 있던 목동이
천년 후 그대로 누워 있었다니
겨울은 안으로 따뜻하다

누비이불이 깔려 있고
화로가 놓여 있는 방에서
털장갑을 짜는 내 어머니의
손은 언제나 따스했다

깨끗한 아름다움은
오늘밤
보리밭의 새싹이 돋아나는 꿈 아니겠는가
차가움을 밀어내고 나오는 새 싹의
음성이
칼날이 부딪치는 소리로 오늘 밤 들려온다

어머니의 사랑

초판 1쇄 인쇄·2007년 3월 2일
초판 1쇄 발행·2007년 3월 7일
엮은이·최 연 홍
펴낸이·박 성 복
펴낸곳·도서출판 월인
서울특별시 강북구 수유2동 252-9
등록·제6-0364호 / **등록일**·1998년 5월 4일
대표번호·02) 912-5000 / **팩스**·02) 900-5036
http://www.worin.net

ISBN 978-89-8477-356-1 03810

값 6,000원